うきうき
우 키 우 키
일본어 작문
중급

우키우키 일본어 작문 중급

지은이 윤선경
펴낸이 임상진
펴낸곳 (주)넥서스

초판 1쇄 발행 2010년 4월 25일
초판 5쇄 발행 2016년 5월 25일

2판 1쇄 발행 2016년 12월 5일
2판 11쇄 발행 2024년 6월 10일

출판신고 1992년 4월 3일 제311-2002-2호
10880 경기도 파주시 지목로 5
Tel (02)330-5500 Fax (02)330-5555

ISBN 979-11-5752-964-3 13730

이 책은 〈다시 시작하는 일본어 작문 중급〉(2010)의
개정판입니다.

www.nexusbook.com

일본어 작문 중급

윤선경 지음 · 고마츠자키 유키타카 감수

넥서스 JAPANESE

여는 글

외국어를 잘하는 비법이나 비결에 대해 관심이 없는 분은 없겠지요. 또 나름대로 외국어를 잘한다는 사람들로부터 한 번쯤은 다음과 같은 비법을 들어본 적이 있을 것입니다.

□ **우리가 들어본 적 있는 외국어 공부의 비법들**

1 무조건 많이 듣다 보면 귀가 뜨인다.
2 무조건 많이 읽어야 한다.
3 아무튼 단어는 많이 알아야 한다.
4 신문 사설이나 뉴스가 도움이 된다.
5 조금씩이라도 꾸준히 계속해야 한다.

하지만, 알지도 못하는 내용을 집중해서 계속 듣는다는 것은 처음부터 고문이며, 조용한 도서관에서는 소리를 내서 읽는다는 것 또한 무리지요. 모르는 단어가 있어 열심히 사전을 찾아도, 도저히 뜻을 알 수 없는 문장들이 수두룩하고, 특히 일본어 단어는 많이 외우고 싶어도 한자 읽는 법을 모르면 한자읽기사전을 먼저 찾아야 하는 고통까지 따릅니다. 보통의 인내와 노력으로는 도저히 불가능하다는 것을 여러분들이 더 잘 알고 계실 겁니다. 물론, 저 또한 여러분들처럼 사전 찾기도 싫어하고, 한자어 공포에, 회화는 엄두도 내지 못하던 시절이 있었습니다. 그래서 늘 뭔가 좋은 방법이 없을까 고민이었는데, 바로 그때 다음과 같은 방법들을 알게 되었고, 이것은 짧은 기간에 아주 큰 성공을 가져다 주었습니다.

□ **국내에서의 가장 효과적인 외국어 마스터 비결**

1 본문 해석이 붙어 있는 교재를 선택한다.

해석이 실려 있는 교재는 모르는 단어의 의미를 쉽고 빠르게 확인할 수 있고, 특히 한자어의 경우 한자읽기사전을 찾는 번거로움을 줄일 수 있다. 또한 단어의 사전적인 의미뿐 아니라 문장 속에서의 쓰임새까지 학습할 수 있어 일석이조의 효과가 있다.

2 너무 어렵지 않은 내용의 교재를 선택한다.

우리가 정치 경제에 관한 뉴스나 신문을 읽고 그 내용을 다 이해하기 힘든 것과 마찬가지로 신문 사설이나 뉴스 등에는 전문용어나, 고유명사가 많아서 일본인들도 이해하지 못하는 어려운 내용인 경우가 많다. 특별히 정치나 경제에 큰 관심이 있다면 그런 교재를 선택해도 좋겠지만, 내용은 너무 어렵지 않고 친숙한 우리 주변의 의식주에 관한 것이나, 문화에 관한 것을 선택하는 것이 재미있게 꾸준히 외국어를 공부할 수 있는 비결 중 하나다.

3 좋은 교재를 제대로 요리하는 방법은 바로 '작문!'

좋은 교재를 발견했다고 해도 그것을 자기 것으로 만들지 못하면 아무런 의미가 없을 것이다. 그저 단어를 암기하고 내용을 이해하는 정도에 그칠 것이 아니라, 한글 번역을 이용해 작문을 해 보자. 작문은 회화의 그림자와 같은 것으로 단어와 문법은 물론, 자신의 생각을 상대방에게 조리 있게 전달할 수 있는 기술을 통째로 익힐 수 있다. (쓰기)

4 회화로 이어지는 작문의 마무리 작업

① 작문을 한 후에는 반드시 틀린 곳에 주의하면서 큰 소리로 여러 번 읽는다.

자신의 목소리로도 리스닝 훈련이 될 뿐 아니라, 이렇게 학습한 문장을 여러 번 읽고 듣는 것이 아주 중요하다. 알지도 못하는 내용을 무조건 들어서 귀가 뜨이는 것은 사춘기 이전의 아이들뿐이다. (읽기와 듣기)

② 끝으로는 눈으로 한국어 문장을 보면서 입으로는 일본어를 말하는 연습을 한다.

표현 능력이란 머릿속에 떠오르는 한국어를 빠른 순간에 일본어로 바꿔 말하는 것이기 때문에, 바로 이 마지막 연습이 확실한 회화 실력으로 이어지는 비결이다. 그러므로 장소는 조용한 도서관보다 커피와 음악이 있는 카페나 시원한 공원 벤치를 추천하고 싶다. (말하기)

일본에 들어오기 전까지 전 한국에서만 일본어를 공부한 정통 국내파 중 한 사람이었습니다. 하지만, 위와 같은 방법으로 쓰기, 읽기는 물론 듣기와 말하기까지 외국 유학파에 뒤지지 않는 실력을 갖출 수 있게 되었습니다. 개인적인 취향이나 방법에 차이가 있을지 모르지만, 아직 방법을 몰라 고민하고 있다면 여러분들도 꼭 한번 시도해 보세요.

하지만 실제 일본에서의 생활은 언어적인 문제를 떠나 일본인들의 생활방식이나 사고방식을 이해해야 하는 경우가 많습니다. 그래서 이번에는 「우키우키 일본어 작문 초급」에 이어, 일본에서의 제 개인적인 경험과 현지 유학생들을 인터뷰하여 얻은 자료를 바탕으로, 일본에서 생활하면서 겪게 되는 경험과 실수 등을 스토리로 엮어 보았습니다.

일본 유학이나 워킹홀리데이뿐 아니라 일본에서의 생활을 계획하고 계신다면 일본어 공부와 동시에 일본에서의 생활을 간접 경험해 볼 수 있는 좋은 기회가 되리라 생각합니다.

끝으로 바쁘신 중에도 감수를 맡아 주신 고마츠자키 선생님과, 예쁜 책이 될 수 있도록 도와주신 넥서스 편집부에 깊이 감사드립니다.

이 책의 구성

이 책은 「우키우키 일본어 작문 초급」의 다음 단계 교재로, 기초 문법을 마치고 한 단계 수준을 높이기 위한 분들을 위한 교재입니다. 이 책은 총 25과로 구성되어 있습니다.

Situation

박상우 군과 이미나 양이 유학 생활을 하며 겪게 되는 다양한 일들을 통해 살아 있는 생생한 일본어 표현들을 배울 수 있도록 했습니다. 대화 상대의 나이나 직위 등에 따라 반말과 공손한 표현도 함께 공부해 봅시다.

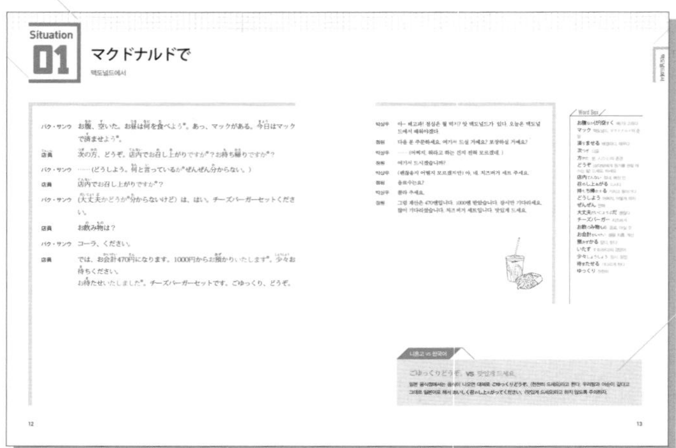

니혼고 & 한국어

틀리거나 혼동하기 쉬운 일본어를 비롯해 재미있는 표현들을 학습할 수 있는 쉬어 가는 코너입니다.

Point

Situation 대화에 나온 표현들 중 중요한 문법을 골라 예문을 들어 설명, 어떤 품사에 어떤 형태로 연결되는지 알기 쉽게 설명해 두었습니다.

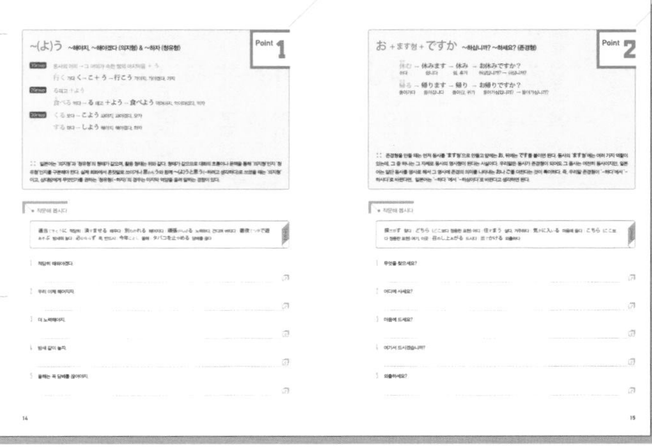

작문해 봅시다

Point의 문법 설명을 공부한 뒤 작문 연습을 통해 확인해 볼 수 있도록 했습니다.

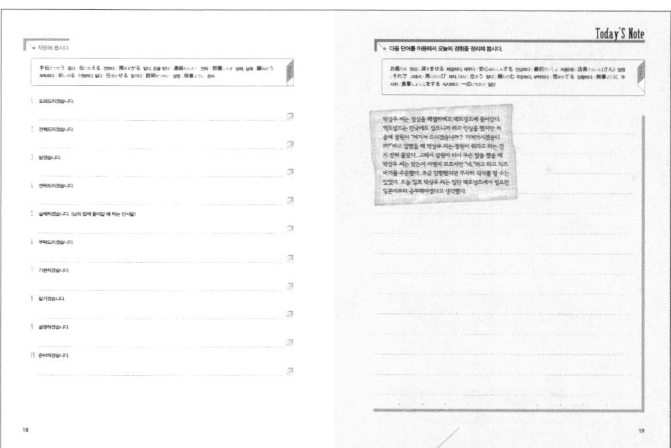

문법 플러스, 표현 플러스
Point에서 다루지 못한 문법과 본문 대화문에는 나오지 않았지만 알아 두면 유용한 표현들을 주제별로 정리하여 실었습니다.

Today's Note
Situation 대화에 나온 내용을 서술 형식으로 정리해 보며 앞에서 배운 문법과 어휘 등을 복습할 수 있도록 했습니다.

특별부록

워크북 무료 제공(PDF파일)

www.nexusbook.com에서
도서명으로 검색하여 다운받으세요.

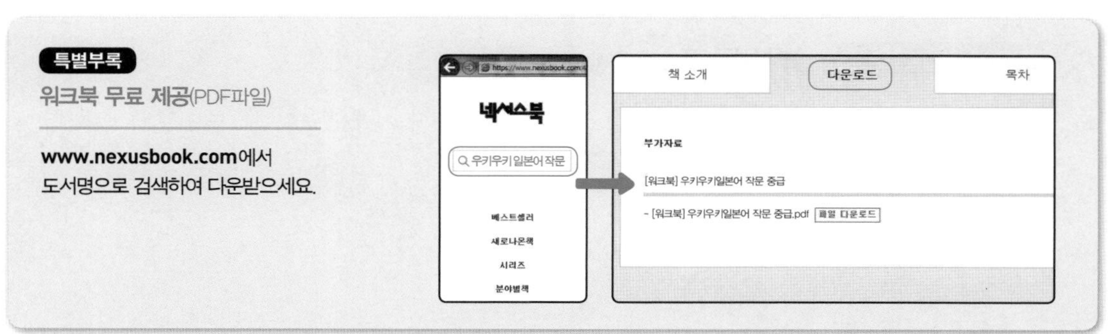

목차

Situation

01~25

Situation

01 マクドナルドで

맥도널드에서

パク・サンウ　お腹、空いた。お昼は何を食べよう[1]。あっ、マックがある。今日はマックで済ませよう[1]。

店員　次の方、どうぞ。店内でお召し上がりですか[2]。お持ち帰りですか[2]。

パク・サンウ　……(どうしよう。何と言っているか[3]ぜんぜん分からない。)

店員　店内でお召し上がりですか[2]。

パク・サンウ　(大丈夫かどうか[3]分からないけど) は、はい。チーズバーガーセットください。

店員　お飲み物は？

パク・サンウ　コーラ、ください。

店員　では、お会計470円になります。1000円からお預かりいたします[4]。少々お待ちください。
お待たせいたしました[4]。チーズバーガーセットです。ごゆっくり、どうぞ。

박상우	아~ 배고파! 점심은 뭘 먹지? 앗 맥도널드가 있다. 오늘은 맥도널드에서 때워야겠다.
점원	다음 분 주문하세요. 여기서 드실 거예요? 포장하실 거예요?
박상우	…… (어쩌지. 뭐라고 하는 건지 전혀 모르겠네.)
점원	여기서 드시겠습니까?
박상우	(괜찮을지 어떨지 모르겠지만) 아, 네. 치즈버거 세트 주세요.
점원	음료수는요?
박상우	콜라 주세요.
점원	그럼 계산은 470엔입니다. 1000엔 받았습니다. 잠시만 기다리세요. 많이 기다리셨습니다. 치즈버거 세트입니다. 맛있게 드세요.

Word Box

お腹なか(が)空すく 배(가) 고프다
マック 맥도널드
*マクドナルド의 준말
済すませる 해결하다, 때우다
次つぎ 다음
方かた 분 *人ひと의 높임말
どうぞ 드세요, 하세요
*상대방에게 뭔가를 권할 때 쓰는 말
店内てんない 점내, 매장 안
召めし上あがる 드시다
持もち帰かえる 가지고 돌아가다
どうしよう 어쩌지, 어떻게 하지
ぜんぜん 전혀
大丈夫だいじょうぶだ 괜찮다
チーズバーガー 치즈버거
お飲のみ物もの 음료, 마실 것
お会計かいけい 셈을 치름, 계산
預あずかる 맡다, 받다
いたす する(하다)의 겸양어
少々しょうしょう 잠시, 잠깐
待またせる 기다리게 하다
ゆっくり 천천히

니혼고 VS 한국어

ごゆっくりどうぞ VS 맛있게 드세요

일본 음식점에서는 음식이 나오면 대체로 「**ごゆっくりどうぞ**」(천천히 드세요)라고 한다. 우리말과 어순이 같아도 일본에서는 「**おいしく召めし上あがってください**」(맛있게 드세요)라고 하지 않으니 주의하자.

Point 1

～(よ)う ～해야지, ～해야겠다 (의지형) & ～하자 (청유형)

1Group 동사의 어미 → 그 어미가 속한 행의 마지막 음 ＋ う

行(い)く 가다 く→こ ＋ う →行こう 가야지, 가야겠다, 가자

2Group る 떼고 ＋ よう

食(た)べる 먹다 → る 떼고 ＋よう → 食べよう 먹어야지, 먹어야겠다, 먹자

3Group くる 오다 → こよう 와야지, 와야겠다, 오자

する 하다 → しよう 해야지, 해야겠다, 하자

:: 일본어는 의지형과 청유형의 형태가 같으며, 활용 형태는 위와 같다. 형태가 같으므로 대화의 흐름이나 문맥을 통해 의지형인지 청유형인지를 구분해야 한다. 실제 회화에서 혼잣말로 쓰이거나 思(おも)う와 함께 ～(よ)うと思う(~하려고 생각하다)로 쓰였을 때는 의지형이고, 상대에게 무엇인가를 권하는 청유형(~하자)의 경우는 마지막 억양을 올려 말하는 경향이 있다.

★ 작문해 봅시다

Keyword

適当(てきとう)に 적당히 | 済(す)ませる 때우다 | 別(わか)れる 헤어지다 | 頑張(がんば)る 노력하다, 견디며 버티다 | 徹夜(てつや)で遊(あそ)ぶ 밤새워 놀다 | 必(かなら)ず 꼭, 반드시 | 今年(ことし) 올해 | タバコを止(や)める 담배를 끊다

1 적당히 때워야겠다.

2 우리 이제 헤어지자.

3 더 노력해야지.

4 밤새 같이 놀자.

5 올해는 꼭 담배를 끊어야지.

Point 2

お + ます형 + ですか ~하십니까? ~하세요? (존경형)

休(やす)む → 休みます → 休み → お休みですか。
쉬다 쉽니다 쉼, 휴가 쉬십니까?

帰(かえ)る → 帰ります → 帰り → お帰りですか。
돌아가다 돌아갑니다 돌아감, 귀가 돌아가십니까?

:: 존경형을 만들 때는 먼저 동사를 ます형으로 만들고 앞에는 お, 뒤에는 です를 붙이면 된다. 동사의 ます형에는 여러 가지 역할이 있는데, 그 중 하나는 그 자체로 동사의 명사형이 된다는 사실이다. 우리말은 동사가 존경형이 되어도 그 품사는 여전히 동사이지만, 일본어는 우선 동사를 명사 형태로 바꿔 그 명사에 존경의 의미를 나타내는 お나 ご를 더한다는 것이 특이하다.

★ 작문해 봅시다

Keyword
探(さが)す 찾다 | どちら (どこ보다 정중한 표현) 어디 | 住(す)まう 살다, 거주하다 | 気(き)に入(い)る 마음에 들다 | こちら (ここ보다 정중한 표현) 여기, 이곳 | 召(め)し上(あ)がる 드시다 | 出(で)かける 외출하다

1 무엇을 찾으세요?

2 어디에 사세요?

3 마음에 드세요?

4 여기서 드시겠습니까?

5 외출하세요?

Point 3

~か ~인지, ~할지 & ~かどうか ~할지 어떨지, ~인지 어떤지

동사	기본 활용 + かどうか	行(い)くかどうか 갈지 어떨지
い형용사	기본 활용 + かどうか	大(おお)きいかどうか 큰지 어떤지
な형용사	だ 떼고 + かどうか	好(す)きかどうか 좋아할지 어떨지
명사	명사 + かどうか	休(やす)みかどうか 휴일인지 어떤지

:: ~か는 의문형을 만들 때도 사용하지만, 단어 뒤에 붙어서 뭔가 불확실한 사실을 나타나내는 '~인지, ~인가, ~할지'라는 표현이 된다. 대부분은 원형에 か를 연결하면 되지만, な형용사는 だ를 떼고 か를 연결하므로 주의하자. 그리고 뒤에 どうか를 붙여 '~할지 어떨지, ~인지 어떤지'라는 뜻을 나타내는 숙어로도 쓰이니까 함께 기억해 두자.

★ 작문해 봅시다

Keyword
調しらべてみる 알아보다 | きいてみる 물어보다 | なぜか 왠지 | 気分きぶん 기분 | 変へんだ 이상하다

1 문제가 있는지 어떤지 알아볼게요.

2 맛있을지 어떨지 모르겠어요.

3 정말인지 아닌지 물어봅시다.

4 왠지 기분이 나빠요.

5 어딘가 이상해요.

Point **4**

お＋ます형＋する/いたす ～하다, ～해 드리다 (겸양어)

동사 お＋ます형＋します ～해 드릴게요

お＋ます형＋いたします ～해 드리겠습니다

명사 ご/お＋명사＋します ～해 드릴게요

ご/お＋명사＋いたします ～해 드리겠습니다

見(み)せる 보이다 → 見せます → お見せします。 보여 드릴게요.

→ お見せいたします。 보여 드리겠습니다.

待(ま)たせる 기다리게 하다 → 待たせます → お待たせしました。 많이 기다리셨어요.

→ お待たせいたしました。 많이 기다리셨습니다. (기다리시게 했습니다.)

案内(あんない) → ご案内します。 안내해 드릴게요.

→ ご案内いたします。 안내해 드리겠습니다.

※ 電話(でんわ) → お電話します。 전화 드릴게요.

→ お電話いたします。 전화 드리겠습니다.

:: 자신의 행동을 낮춰서 상대방을 높이는 어법을 겸양어법라고 한다. 이 겸양의 표현을 만들 때도 동사는 ます형을 이용하여 뒤에 **する**나 **する**의 겸양어 **いたす**를 연결하면, '~하다', '~해 드리다'라는 표현이 된다. 우리말에는 '하다'에 대한 겸양어가 따로 없기 때문에 표현의 차이를 느끼기 어렵지만, '**お**+ます형+**します**'가 '~해 드릴게요'라면 '**お**+ます형 +**いたします**'는 '~해 드리겠습니다'로 조금 더 정중한 표현이다. 하지만 우리말 해석에는 너무 연연하지 말고 자신의 행동을 겸손하게 말하고 싶을 때는 '**お**+ます형+**します**'나 '**お**+ます형+**いたします**' 어느 쪽을 사용해도 좋다.
그리고 명사의 경우는 앞에 **ご**나 **お**를 붙이고, **する**나 **いたす**를 연결하는데, 주로 한자어에는 **ご**를 고유어에는 **お**를 붙이는 경향이 있다. 그러나 **お電話**는 한자어인데도 **お**가 붙는 경우이므로 주의해서 기억해 두자.

★ 작문해 봅시다

Keyword

手伝てつだう 돕다 | 伝つたえる 전하다 | 預あずかる 맡다, 돈을 받다 | 連絡れんらく 연락 | 邪魔じゃま 방해, 실례 | 願ねがう 부탁하다 | 祈いのる 기원하다, 빌다 | 任まかせる 맡기다 | 説明せつめい 설명 | 用意ようい 준비

1 도와 드리겠습니다.

2 전해 드리겠습니다.

3 (계산대에서) 받겠습니다.

4 연락드리겠습니다.

5 실례하겠습니다. (남의 집에 들어갈 때 하는 인사말)

6 부탁드리겠습니다.

7 기원하겠습니다.

8 맡기겠습니다.

9 설명하겠습니다.

10 준비하겠습니다.

Today's Note

★ 다음 단어를 이용해서 오늘의 경험을 정리해 봅시다.

お昼ひる 점심 | 済すませる 해결하다, 때우다 | 安心あんしんする 안심하다 | 最初さいしょ 처음(에) | 店員てんいん(さん) 점원 | それで 그래서 | 再ふたたび 재차, 다시 | 合あう 맞다 | 頼たのむ 주문하다, 부탁하다 | 慌あわてる 당황하다 | 無事ぶじに 무사히 | 食事しょくじをする 식사하다 | 一応いちおう 일단, 우선

박상우 씨는 점심을 해결하려고 맥도널드에 들어갔다. 맥도널드는 한국에도 있으니까 하고 안심을 했지만 처음에 점원이 "여기서 드시겠습니까? 가져가시겠습니까?"라고 말했을 때 뭐라고 하는 건지 전혀 몰랐다. 그래서 점원이 다시 무슨 말을 했을 때 맞는지 어떤지 모르겠지만 "네."라고 하고 치즈버거를 주문했다. 조금 당황했지만 무사히 식사를 할 수는 있었다. 오늘 일로 박상우 씨는 일단 맥도널드에서 필요한 일본어부터 공부해야겠다고 생각했다.

보통체

일본어는 '현재, 부정, 과거, 과거부정형'이 그대로 친한 사이에 사용할 수 있는 보통체가 된다. 우리말의 반말로 해석되는 경우가 많지만, 일본어에서는 손아랫사람은 물론 손윗사람이라도 친한 사이에는 사용할 수 있다.

行(い)く 가다	おいしい 맛있다	これ 이것
行(い)く。 가. 갈거야.	おいしい。 맛있어.	これ。이거. 이거야.
行(い)く？ 가? 갈거야?	おいしい？ 맛있어?	これ？ 이거야?
行(い)かない。안 가.	おいしくない。맛없어.	これじゃない。이게 아냐.
行(い)かない？ 안 가?	おいしくない？ 맛없어?	これじゃない？ 이게 아냐?
行(い)った。 갔어.	おいしかった。 맛있었어.	これだった。이거였어.
行(い)った？ 갔어?	おいしかった？ 맛있었어?	これだった？ 이거였어?
行(い)かなかった。안 갔어.	おいしくなかった。 맛없었어.	これじゃなかった。 이게 아니었어.
行(い)かなかった？ 안 갔어?	おいしくなかった？ 맛없었어?	これじゃなかった？ 이게 아니었어?

マクドナルドのメニュー 맥도널드 메뉴로 가타카나 익히기

ビッグマック 빅맥

エビフィレオ 새우 필레오 (새우버거)

グリルチキンサンド 그릴 치킨 샌드 (치킨버거)

ダブルチーズバーガー 더블 치즈버거

ベーコンレタスバーガー 베이컨 양상추 버거

てりやきマックバーガー 데리야키 맥버거 (불고기버거)

ソーセージ&エッグチーズバーガー 소세지 & 에그 치즈버거

フィレオフィッシュ 필레오 피시 (피시버거)

チキンナゲット 치킨너겟

ホットアップルパイ 핫 애플파이

ポテトのセット / サラダのセット / ハッピーセット 포테이토 세트 / 샐러드 세트 / 해피 세트

コールドドリンク 콜드 드링크 (차가운 음료)

ホットドリンク 핫 드링크 (뜨거운 음료)

ノンカロリーコカコーラ 제로 칼로리 코카콜라

ジンジャーエール 진저에일(생강 맛이 나는 탄산음료)

ファンタグレープ 환타 그레이프

アイスコーヒー 아이스커피

アイスカフェオーレ 아이스 카페오레

アイスティー 아이스티

オレンジ 오렌지

ミルク 밀크

コーヒー 커피

アップルティー 애플 티

ホットココア 핫 코코아

コンポタージュスープ 콘 포타주 수프

シェイク 셰이크

バニラ / ストロベリー / チョコレート 바닐라 / 스트로베리 / 초콜릿

ソフトツイスト 소프트 트위스트 (소프트 아이스크림)

構内放送と車内放送

역 구내 방송과 차내 방송

お台場へ行くことにした[1]サンウさんとミナちゃんは新宿駅で電車を待っていた。

<構内放送>

まもなく14番線に山の手線外回り、品川行きがまいります[2]。危ないですから、黄色い線までお下がりください[3]。新宿、新宿です。ドアが閉ります。

<車内放送>

ご案内、申し上げます[2]。
お年よりや体の不自由な方のための[4]優先席の付近では、携帯電話の電源はマナーモードに設定し、通話はご遠慮ください[3]。お客様のご協力をお願いします。次は新橋、新橋です。お出口は左側です。地下鉄銀座線、浅草線、ゆりかもめをご利用のお客様はお乗り換えです。一部ホームと電車との間が広く開いております[5]ので、お足下にご注意ください[3]。ご乗車ありがとうございました。新橋、新橋です。

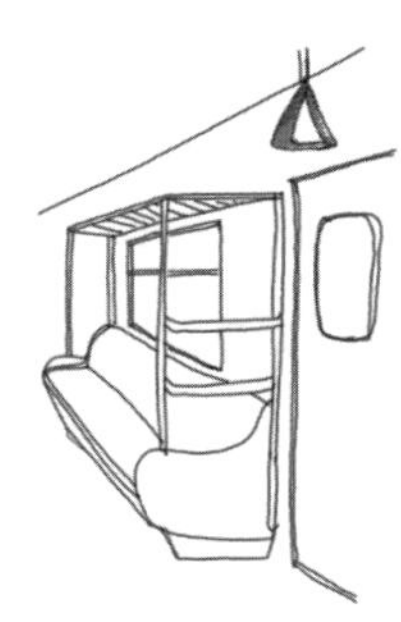

오다이바에 가기로 한 상우 씨와 미나 씨는 신주쿠 역에서 전철을 기다리고 있었다.

〈역 구내 방송〉

이제 곧 14번 승강장에 야마노테 선 외곽순환선 시나가와 행이 들어옵니다. 위험하오니 노란 선까지 물러나 주십시오. 신주쿠, 신주쿠입니다. 출입문 닫힙니다.

〈차내 방송〉

안내 말씀 드리겠습니다.
노약자를 위한 경로석 부근에서는 휴대전화의 전원을 매너모드로 설정하고 통화는 삼가 주시기 바랍니다. 손님 여러분의 협조를 부탁드립니다. 다음은 신바시, 신바시입니다. 내리실 문은 왼쪽입니다. 지하철 긴자 선, 아사쿠사 선, 유리카모메를 이용하실 승객 여러분께서는 갈아타시기 바랍니다.
일부 승강장과 열차 사이의 간격이 넓은 곳이 있으니 발밑을 조심하시기 바랍니다. 이용해 주셔서 감사합니다. 신바시, 신바시입니다.

Word Box

構内こうない 구내, 역내
車内しゃない 차내
放送ほうそう 방송
まもなく 멀지 않아, 이제 곧
～番線ばんせん ～번 승강장
外回そとまわり 외곽순환
～行ゆき ～행
危あぶない 위험하다
下さがる 내려가다, 물러나다
閉しまる 닫히다
申もうし上あげる 말씀드리다
お年としより 연장자, 노인
体からだの不自由ふじゆうな方かた 몸이 불편한 사람, 장애인
優先席ゆうせんせき 우선석, 경로석
付近ふきん 부근
電源でんげん 전원
マナーモード 매너모드, 진동
設定せっていする 설정하다
通話つうわ 통화
遠慮えんりょ 삼감, 조심함
協力きょうりょく 협력
出口でぐち 출구
乗のり換かえ 환승, 갈아탐
開あく 열리다
足下あしもと 발밑, 발 주변
注意ちゅうい 주의
乗車じょうしゃ 승차

니혼고 VS 한국어

優先席ゆうせんせき(우선석) VS 경로석

'경로석'은 일본에서는 **敬老席**けいろうせき라고 하지 않고 **優先席**ゆうせんせき(우선석)라고 한다.
그리고 나이가 많은 사람을 지칭하는 말로 우리는 '노인'이라는 표현을 하지만 일본에서는 **老人**ろうじん은 주로 문어체에서 사용하며, 일상 회화에서는 **お年**とし**より**(연장자, 노인)나 **年輩**ねんぱい**の方**かた(연장자, 중년)라는 표현을 쓴다.

Point 1

～にする ～로 하다

명사 コーヒーにします。 커피로 하겠어요.

～ことにする ～하기로 하다

동사 **기본형** ～ことにする ～하기로 하다

また会(あ)うことにしました。 또 만나기로 했어요.

부정형 ～ことにする ～하지 않기로 하다

週末(しゅうまつ)は会(あ)わないことにしました。 주말에는 만나지 않기로 했어요.

과거형 ～ことにする ～한 것으로 하다, ～한 셈 치다

会(あ)ったことにしよう。 만난 것으로 하자. 만난 셈 치자.

과거부정 ～ことにする ～하지 않은 것으로 하다

会(あ)わなかったことにしよう。 만나지 않은 것으로 하자.

:: **～にする**(~로 하다)는 어떤 선택이나 결정을 나타내는 표현으로 음식점이나 쇼핑몰 등에서 많이 쓸 수 있는 표현이다. 앞에는 명사나 동사의 명사형을 연결할 수 있는데, 동사의 경우는 시제에 따라 뜻이 달라진다. 특히 우리말 '~한 셈 치다'를 일본어로 하려면 순간 어려운 느낌이 들지만 이것도 결국 '~한 것으로 하다'와 같은 의미이므로 '과거형 + **ことにする**'로 표현하면 된다. 즉 외국어를 잘하는 방법 중 하나는 아무리 어려운 표현이라도 자신이 알고 있는 단어로 최대한 그 의미를 전달할 수 있도록 또 다른 표현을 만들어 내는 순발력을 키우는 것이기도 하다.

★ 작문해 봅시다

デザート 디저트 | 集あつまる 모이다 | 出発しゅっぱつする 출발하다 | 場所ばしょ 장소 | 内緒ないしょ 비밀

Keyword

1 디저트는 뭐로 하시겠어요?

2 서울역에서 모이기로 했어요.

3 먹은 것으로 합시다.

4 없었던 것으로 하자.

5 몇 시에 출발하기로 했어요?

6 이걸로 할게요.

7 장소는 어디로 할까요?

8 다음 주 토요일로 합시다.

9 비밀로 해 주세요.

10 술은 마시지 않기로 했어요.

Point 2

특별한 겸양어

する 하다 → いたす

行(い)く 가다 → まいる

来(く)る 오다 → まいる

言(い)う 말하다 → 申(もう)す 말씀드리다 / 申(もう)し上(あ)げる 말씀 올리다

いる 있다 → おる

ある 있다 → ござる

見(み)る 보다 → 拝見(はいけん)する

もらう 받다 → いただく

食(た)べる 먹다 → いただく

飲(の)む 마시다 → いただく

会(あ)う 만나다 → お目(め)にかかる 뵙다

訪問(ほうもん)する 방문하다 → うかがう 찾아뵙다

訊(き)く 묻다 → お訊(き)きする・うかがう 여쭙다

:: 우리말 존경의 표현도 '~(으)시다'를 붙이는 것과 '드시다, 계시다, 주무시다'와 같은 특별한 존경어를 갖는 동사가 있는 것처럼, 일본어의 겸양어법도 보통은 '**お+ます형+する**'나 '**お+ます형+いたす**'로 하면 되지만, 위와 같은 겸양어는 따로 외우는 수밖에 없다. 특히 우리말로 해석이 되지 않는 것이 있지만 보다 정중한 표현을 만들고 싶을 때는 이러한 겸양 표현을 사용하면 된다.

★ 작문해 봅시다

次つぎへ 다음으로 | お手紙てがみ 편지 | 嬉うれしい 반갑다, 기쁘다

Keyword

1 이미나라고 합니다.

2 잘 먹겠습니다.

3 다음으로 넘어가겠습니다.

4 편지를 봤습니다.

5 만나 뵙게 돼서 반갑습니다.

니뽄 라이프

◆ 우리와 다른 경어 사용법

일본어도 손윗사람이나 공적인 관계로 만나게 되는 사람에게 경어를 사용한다는 점은 우리말과 같다. 그러나 존경어와 겸양어를 사용함에 있어 우리말과 크게 다른 점이 있다.

한국어 (절대존경) – 대화자들과 상관없이 대화에 등장하는 사람이 손윗사람인 경우는 경어 사용
일본어 (상대존경) – 자기 쪽 사람인지 상대방 쪽 사람인지를 구분해서 상대방 쪽에만 경어 사용

우리는 대화 중에 등장하는 인물이 두 대화자보다 손윗사람인 경우는 무조건 존경어로 표현하는 절대존경의 형태를 취한다. 그러나 일본 사람들은 그 사람이 자기 쪽 사람인지 상대방 쪽 사람인지를 먼저 구분하고, 상대방 쪽의 사람이면 당연히 존경의 표현을 사용하지만, 자기 쪽 사람인 경우는 그 사람이 아무리 대화자들보다 나이가 많은 손윗사람일지라도 절대로 높이지 않는다. 즉 대화 시 상대방을 의식하는 상대적인 존경의 형태를 취하는 것이다. 예를 들면 다음과 같다.

A : お父とうさん、いらっしゃいますか？ 아버님 계십니까?
B : いいえ、今いま、いらっしゃいません。(×) 아니요, 지금 안 계십니다. (한국식)
いいえ、今、おりません。(○) 아니요, 지금 없습니다.(일본식)
父ちちは今、出でかけております。(○) 아버지는 지금 외출했습니다.

가족호칭에 있어서도 자기 가족과 남의 가족에 대한 호칭이 따로 따로 있는 것은 바로 이런 이유 때문이다.

Point 3

お＋ます형＋ください ～하십시오, ～해 주십시오
ご/お＋명사＋ください

乗(の)る 타다 → 乗ります → お乗りください。 타십시오.
お乗ってください。 (×)

連絡(れんらく) 연락 → ご連絡ください。 연락해 주십시오.
ご連絡してください。 (×)

※ 電話(でんわ) 전화 → お電話

∷ 명령형 ～てください보다 좀 더 정중하게 표현할 때도 ます형을 이용하여 'お+ます형+ください' 형태로 쓴다. ～てください의 정중한 표현이라고 お～てください라고 해서는 안 된다. 또 명사만으로 명령형을 만들 때는 명사에 お나 ご를 붙이고, 뒤에 ください를 붙이면 된다. 또, 앞에서 공부한 것처럼 電話는 한자어이지만 お電話가 되는 것에 주의하자. 해석할 때는 ～てください나 お～ください 모두 큰 차이는 없지만, 호텔이나 백화점 등 격식을 차려야 하는 공식적인 장소에서는 주로 お～ください를 쓴다.

★ 작문해 봅시다

Keyword

下(さ)がる 물러나다 | 入(はい)る 들어오다 | 確(たし)かめる 확인하다 | 利用(りよう) 이용 | 遠慮(えんりょ) 삼감, 사양함

1 물러나 주십시오.

2 들어오십시오.

3 확인해 주십시오.

4 이용해 주십시오.

5 삼가 주십시오.

Point 4

동사 기본형 + ために ~하기 위해

명사 + の + ために ~을 위해

명사 + の + ための ~을 위한

あなたに会うために来ました。 당신을 만나기 위해 왔어요.

あなたのために準備しました。 당신을 위해 준비했어요.

あなたのための花束です。 당신을 위한 꽃다발입니다.

※雨のため試合を中止しました。 비 때문에 시합을 중지했습니다.

:: **ため**는 원래 명사로 '이익이 되는 것, 유익한 것'이라는 의미가 있지만, 실제로는 위와 같이 동사나 명사 뒤에 연결되어 '~하기 위해서, ~을 위해서, ~을 위한'이라는 뜻의 숙어로 사용된다. 문법적으로는 앞뒤에 명사가 연결될 때는 **ため**가 명사이므로 사이에 모두 **の**를 넣어 주어야 한다는 것에 주의하자. 또, **ため**는 **ので/から**와 같이 이유를 나타내는 경우도 있으며, **ので/から**보다는 문어적인 표현이다.

★ 작문해 봅시다

金きんメダルを取とる 금메달을 따다 | 頑張がんばる 노력하다, 힘내다 | 初心者しょしんしゃ 초보자 | 年輩ねんぱいの方かた 연장자, 나이가 지긋한 사람 | 席せき 자리 | 交通事故こうつうじこ 교통사고 | 道みちが込こむ 길이 붐비다

1 금메달을 따기 위해서 열심히 하겠습니다.

2 내일을 위해서 빨리 자자.

3 초보자를 위한 책입니다.

4 여기는 연장자를 위한 자리입니다.

5 교통사고 때문에 길이 붐비고 있습니다.

～ております＝～ています ～고 있습니다 (진행, 상태)

Point 5

5時(ごじ)までは会社(かいしゃ)にいます。 5시까지는 회사에 있습니다.

→5時までは会社におります。

決(き)まっています。 정해져 있습니다.

→決まっております。

結婚(けっこん)しています。 결혼했습니다.(결혼한 상태)

→結婚しております。

:: 진행이나 상태를 나타내는 표현 **～ています**는 **いる**의 겸양어 **おる**를 사용해 **～ております**로 바꾸면 보다 정중한 표현이 된다. 단지 하나 주의해야 하는 것은 우리말의 과거형은 과거의 사실을 나타낼 뿐 아니라, 과거의 상태가 현재까지 유지되는 경우에도 사용하기 때문에 우리말로 '~했습니다.'라는 표현이라도 그것이 내용상 현재의 상태를 나타내는 경우는 **～ています**나 **～ております**로 표현한다는 것을 기억해 두자.

★ 작문해 봅시다

Keyword

ただいま 今(いま)보다 정중한 표현, 지금 | 外出(がいしゅつ)する 외출하다 | 両親(りょうしん) 부모님 | まったく 전혀 | 信(しん)じる 믿다 | 楽(たの)しみにする 기대하다

1 지금 외출했습니다.

2 부모님하고 같이 살고 있습니다.

3 전혀 믿지 않습니다.

4 기대하고 있겠습니다.

5 기다리고 있겠습니다.

Today's Note

★ 다음 단어를 이용해서 오늘의 경험을 정리해 봅시다.

お台場だいば 오다이바 | 外回そとまわり 외곽순환선 | ～行ゆき ～행 | 車内しゃない 차 안 | 風景ふうけい 풍경 | ほぼ 거의 | 同おなじだ 같다 | ～に比くらべて ～에 비해서 | 見みえる 보이다 | お年としより 노인 | 体からだの不自由ふじゆうな方かた 몸이 불편한 사람 | 優先席ゆうせんせき 우선석 | 付近ふきん 부근 | ルール 규칙 | みんな 모두 | ちゃんと 어김없이, 확실히 | 守まもる 지키다 | ゆりかもめ 유리카모메 | 乗のり換かえる 갈아타다 | 新橋しんばし 신바시

오다이바에 가기로 한 상우 씨와 미나 씨는 신주쿠 역에서 야마노테 선 외곽순환선 시나가와 행을 탔다. 전동차 안의 풍경은 한국하고 거의 같았지만, 한국보다 휴대전화로 통화하는 사람은 별로 없었다. '노인이나 몸이 불편한 사람을 위한 우선석 부근에서는 통화를 삼가 주세요.' 라는 규칙을 모두 잘 지키고 있었다. 그 후 두 사람은 유리카모메로 갈아타기 위해 신바시에서 내렸다.

일본어의 존경어와 겸양어

상대방에게 경의를 표시할 때는 상대방의 행동을 직접 높이는 존경어법과 자신의 행동을 낮추는 겸양어법이 있다. 일본어도 우리말과 같이 존경어와 겸양어가 있는데, 각각의 형태는 다음과 같다.

1 존경어

~하시다

① **お + 동사 ます형 + になる**

帰(かえ)る 집에 가다 → お帰りになります。 집에 가십니다.

② **お + 동사 ます형(=명사형) + です**

出(で)かける 외출하다 → お出かけですか。 외출하십니까?

③ **~れる/~られる**

思(おも)う 생각하다 → どう思われますか。 어떻게 생각하십니까?

~하세요(명령)

① **お + 동사 ます형 + ください**

待(ま)つ 기다리다 → お待ちください。 기다리십시오.

② **ご / お + 명사(한자어) + ください**

注意(ちゅうい) 주의 → ご注意ください。 주의하십시오.

일반적으로 존경어를 만드는 방법은 위와 같다. **~れる/~られる**는 수동형 어미를 만들 뿐 아니라(p.204 참조) 존경형 어미가 되기도 하기 때문에 그 의미는 문장의 전후관계로 이해해야 한다.

2 겸양어

① **お + 동사 ます형 + します / いたします** ~하겠습니다

伝(つた)える 전하다 → お伝えします。 / お伝えいたします。 (말씀) 전해 드리겠습니다

② **ご/お + 명사(한자어) + します/いたします** ~하겠습니다

案内(あんない) 안내 → ご案内します。 / ご案内いたします。 안내해 드리겠습니다.

③ **동사의 사역형 + ていただく** (허락하시면) ~하겠습니다 (p.85 참조)

帰(かえ)る 돌아가다 → 帰らせていただきます。 (허락하시면) 먼저 가겠습니다.

특히 ③의 경우는 우리말에는 없지만 상대의 의향을 살피는 뉘앙스가 더해지는 표현이다.

특별한 존경어 & 겸양어

	뜻	존경어	겸양어
いる	있다	いらっしゃる / おいでになる	おる
ある	있다	おありだ	ござる
行く	가다	いらっしゃる / おいでになる	まいる
来る	오다	いらっしゃる / おいでになる お見えになる	まいる
言う	말하다	おっしゃる	申す / 申し上げる
きく **たずねる** **訪問する**	묻다 묻다 방문하다	きかれる / おききになる おたずねになる 訪問される	うかがう
する	하다	なさる / される	いたす
みる	보다	ご覧になる	拝見する
会う	만나다	会われる / お会いになる	お目にかかる
思う	생각하다	思われる	存じる
知る	알다	ご存じだ	存じる
食べる **飲む**	먹다 마시다	召し上がる	いただく
もらう	받다	お納めになる	いただく
くれる	주다	くださる	
あげる	주다		さしあげる
~です	~입니다	~でいらっしゃる	~でござる

いる, **行く**, **来る**의 존경어는 모두 **いらっしゃる**와 **おいでになる**가 되므로 문장이나 회화의 전후 내용을 통해 의미를 파악해야 한다. 또 **いらっしゃる**, **おっしゃる**, **くださる**, **ござる**의 **ます형**은 고어가 그대로 남아 **いらっしゃいます**, **おっしゃいます**, **くださいます**, **ございます**가 되는 것에 주의하자.

日本の電車

일본의 전철

今日は入学式がある日。学校のある大久保駅は寮がある中野の次の駅だ。まだ日本の電車に慣れていないパクさんとミナちゃんだが、学校までなら[1]自信があった。

イ・ミナ　大久保は新宿に行く途中だから、新宿方面にさえ乗れば[2]いいよ。

パク・サンウ　新宿方面なら[1]、8番線だ。10分もかからないだろう[3]。

＜車内放送＞
次は新宿、新宿です。東中野、大久保には止まりませんのでご注意ください。

イ・ミナ　うそ。大久保には止まらない？ どうしよう。どうすれば[2]いい。

パク・サンウ　なぜだろう[3]。しょうがない。降りたら[4]駅員さんに聞いてみよう。
あのう、今の電車はなぜ大久保に止まらないんですか。

駅員　あれは新宿東京方面行きの快速なので、大久保には止まりません。大久保なら[1]16番線で総武線各駅停車に乗ってください。

パク・サンウ　そうですか。ありがとうございます。

イ・ミナ　日本は同じ方面でも各駅と快速の2種類の電車があるんだね。急ごう。

오늘은 입학식이 있는 날. 학교가 있는 오쿠보 역은 기숙사가 있는 나카노의 다음 역이다. 아직 일본 전철에 익숙하지 않은 상우 씨와 미나 씨지만 학교까지라면 자신이 있었다.

이미나 오쿠보는 신주쿠에 가는 도중이니까 신주쿠 방면만 타면 돼.

박상우 신주쿠 방면이라면, 8번 승강장이다. 10분도 안 걸릴 거야.

〈차내 방송〉

다음은 신주쿠, 신주쿠입니다. 히가시나카노, 오쿠보에는 정차하지 않으니 주의하시기 바랍니다.

이미나 말도 안 돼! 오쿠보에 안 서? 어떻게 해. 어떡하면 좋지?

박상우 왜 그럴까? 어쩔 수 없다. 내리면 역무원에게 물어보자.
저…, 지금 열차는 왜 오쿠보에 서지 않나요?

역원 저것은 신주쿠 도쿄 방면으로 가는 쾌속 열차이기 때문에 오쿠보에는 안 서요. 오쿠보라면 16번 승강장에서 소부 선 로컬 열차를 타세요.

박상우 그렇군요. 감사합니다.

이미나 일본은 같은 방향이라도 로컬이랑 쾌속 두 종류의 전철이 있구나.
서두르자!

Word Box

入学式にゅうがくしき 입학식
日ひ 날
寮りょう 기숙사
次つぎ 다음
慣なれる 익숙하다
自信じしん 자신
途中とちゅう 도중
～さえ ～만, ～조차
かかる (시간이) 걸리다
止とまる 멈추다, 서다
駅員えきいんさん 역무원
快速かいそく 쾌속, 정해진 역에만 서는 빠른 열차
各駅停車かくえきていしゃ 로컬 열차, 역마다 서는 열차
同おなじだ 같다
種類しゅるい 종류
急いそぐ 서두르다

니혼고 VS 한국어

寮(りょう) VS 기숙사

'기숙사'에 해당하는 단어에는 **寄宿舎**きしゅくしゃ라는 단어도 있지만, 보통 **寮**りょう라고 한다. **寮**는 옛날에 관청을 의미하는 단어였는데, 현재는 그 의미가 변하여 **学生寮**がくせいりょう(학생 기숙사), **社員寮**しゃいんりょう(사원 기숙사) 등과 같이 사용되고 있다.

Point 1

～なら ～한다면, ～이라면 (선택 조건)

동사 기본 활용 + なら

기본형 うなぎを食(た)べるなら浜名湖(はまなこ)のうなぎです。 장어를 먹을 거면 하마나코 장어예요.

부정형 一緒(いっしょ)に行かないなら言(い)ってください。 같이 가지 않을 거라면 말해 주세요.

과거형 あの人(ひと)が来(く)ると言ったなら来るでしょう。 그 사람이 온다고 말했으면 오겠지요.

い형용사 기본 활용 + なら

기본형 これが小(ち)さいなら大(おお)きいのもあります。 이것이 작으면 큰 것도 있어요.

부정형 高くないなら買いたい。 비싸지 않으면 사고 싶다.

과거형 高かったなら買わなかったでしょう。 비쌌으면 안 샀을 거예요.

な형용사 기본 활용 (기본형은 だ 떼고) + なら

기본형 暇(ひま)なら遊(あそ)びに来(き)てください。 한가하면 놀러 오세요.

부정형 暇ではないなら明日(あした)でもいいです。 한가하지 않으면 내일도 괜찮아요.

과거형 暇だったならあなたも行けばよかったのに。 한가했으면 당신도 갔으면 좋았을 걸.

명사 + なら

温泉(おんせん)なら草津(くさつ)もいいですよ。 온천이라면 구사츠도 좋아요.

学生(がくせい)なら学生らしく行動(こうどう)した方(ほう)がいいです。 학생이라면 학생답게 행동하는 게 좋습니다.

:: **～なら**는 원래 **～ならば**가 줄어든 형태로, **～ば**가 절대조건을 가정하는 것에 비해 선택조건을 나타낸다. 즉 여러 조건 중에서 한 가지를 예로 들어 가정하는 뉘앙스가 있다. 형태는 각 품사의 기본 활용 뒤에 간단히 **～なら**를 붙이기만 하면 되는데, な형용사의 경우 현재형에 연결할 때 **だ**를 떼고 붙이므로 주의하자.

★ 작문해 봅시다

Keyword

電気製品でんきせいひん 전자 제품 | 秋葉原あきはばら 아키하바라 | 文化ぶんか 문화 | 感かんじる 느끼다 | 京都きょうと 교토 | 無理むりだ 무리다 | 魚さかな 생선 | 嫌きらいだ 싫다 | パソコン 컴퓨터 | きく 묻다, 물어보다 | ちゃんと 제대로 | 選えらぶ 고르다 | 面倒めんどうだ 귀찮다

1 전자 제품을 살 거라면 아키하바라에 가세요.

2 일본 문화를 느끼고 싶다면 교토가 좋다.

3 이 문제도 어렵다면 2급은 무리예요.

4 생선을 싫어한다면 안 먹어도 돼요.

5 컴퓨터라면 사이토 씨에게 물어보세요.

6 할 거면 제대로 하세요.

7 고른다면 어느 쪽이 좋아요?

8 귀찮으면 하지 않아도 돼요.

9 당신이라면 할 수 있어요.

10 왜냐면 시간이 없어요.

Point 2

～ば ～하면, ～한다면, ～이라면 (절대 조건)

동사 **1Group** 동사의 어미 → 그 어미가 속한 행의 네 번째 음 + **ば**

飲(の)む 마시다 む → め + ば → 飲めば 마시면

2Group **る** 떼고 + **れば**

食(た)べる 먹다 → 食べれば 먹으면

3Group **くる → くれば** 오면

する → すれば 하면

い형용사 **い → ければ**

安(やす)い 싸다 → 安ければ 싸면

な형용사 **だ → であれば**

上手(じょうず)だ 잘하다 → 上手であれば 잘하면

명사 **だ → であれば**

美人(びじん)だ 미인이다 → 美人であれば 미인이라면

～さえ～ば ～만 ～(하)면, ～만 ～(이)라면

お金(かね)さえあれば 돈만 있다면

時間(じかん)さえあれば 시간만 있다면

:: 우리말 '~(으)면, ~하면'에 해당하는 가정형 어미는 **～ば/～なら/～と/～たら** 4가지가 있다. 각각 조금씩 다른 뉘앙스를 가지고 있는데, 그 중에서 **～ば**는 '절대적인 조건'을 나타내는 어미다. 품사별 접속 형태는 위와 같다. 아울러 최소한의 조건을 나타내는 조사 **～さえ** (~마저, ~조차, ~만, ~뿐)와 함께 쓰이는 경우도 알아 두자.

★ 작문해 봅시다

合あう 맞다 | やる 하다 | 命いのち 목숨 | 助たすける 살리다 | 自分じぶん 자신 | 韓国料理かんこくりょうり 한국 요리 | 何なんでも 뭐든

Keyword

1 시간만 맞으면 해 보고 싶어요.

2 목숨만 살려 준다면 뭐든 할게요.

3 자기만 좋으면 된다고 생각하는 사람이 많다.

4 예쁘면 누구든 괜찮아요.

5 한국 요리라면 뭐든 좋아요.

니뽄 라이프

◆ 도쿄의 전철

도쿄를 달리는 전철은 도쿄도가 운영하는 JR (국철) 20개 노선과 개인이 운영하는 사철, 지하철 35개 노선을 합쳐 약 55개 노선이 있다. 이렇게 많은 노선이 얽혀 있는 전철을 자유자재로 이용하는 것은 쉽지 않은 일이다. 그래도 다음 몇 가지 사항을 기억해 두면 도움이 될 것이다.

일본 전철의 특징

① 구간별 요금이 전부 다르기 때문에 목적지까지의 표를 구입해 승차한다. 목적지까지 요금이 얼마인지 모를 때는 기본 요금의 표를 구입 후 내려서 정산을 하면 된다. 하지만 우리나라 교통 카드와 같은 '스이카'나 '파스모' 카드가 있어서 이것을 이용하면 편리하다.

② 일본 전철은 특급(목적지까지 직행), 쾌속(정해진 역만 정차), 로컬(모든 역 정차)의 세 종류 열차가 있다. 그래서 같은 방향으로 가는 열차라도 쾌속과 로컬의 승강장이 각각 따로 되어 있는 곳도 있고, 같은 승강장을 특급, 쾌속, 로컬의 세 종류가 다 지나는 경우도 있다. 한 승강장을 세 열차가 통과할 때는 잘 확인하고 타지 않으면 큰 낭패를 경험할 수도 있다.

③ 로컬 열차를 타면 실패할 확률은 적지만, 쾌속이나 특급과의 시간 조절 관계로 아주 시간이 많이 걸리는 경우도 있다. 자기가 타야 할 전철이 몇 번 승강장의 어떤 열차인지를 확인하고 타면 된다. 그래도 불안하면 역무원에게 확인하고 탄다.

④ 서로 다른 노선으로 환승하는 경우 일단 역에서 나와 다른 역으로 이동해야 하는 경우가 많다. 즉 신바시 역을 예로 들면 같은 지역에 JR 신바시 역과 지하철 신바시 역이 따로 따로 있다.

Point 3

~だろう(か)。 ~일까 / 할까? (혼잣말)

~だろう。↘ ~일 거야 / 할 거야.

~だろう？↗ ~(하)지? (확인)

동사 来(く)るだろう(か)。 올까?

来るだろう。↘ 올 거야.

来るだろう？↗ 오지?

い형용사 難(むずか)しいだろう(か)。 어려울까?

難しいだろう。↘ 어려울 거야.

難しいだろう？↗ 어렵지?

な형용사 いやだろう(か)。 싫을까?

いやだろう。↘ 싫을 거야.

いやだろう？↗ 싫지?

명사 本当(ほんとう)だろう(か)。 정말일까?

本当だろう。↘ 정말일 거야.

本当だろう？↗ 정말이지?

:: **~だろう**(~것이다)는 **~だ**(~이다)의 추측형으로, **か**를 붙이면 **~だろうか**(~일까?)라는 추측의 의문형이 되는데, 이것은 주로 혼잣말 표현으로 사용되고, 의문형 **か**가 생략되는 경우도 있다. 그리고 그대로 억양만 올려서 **~だろう**↗라고 하면 '~지? ~하지?'라고 자신의 추측을 상대방에게 확인하는 의문형이 된다. 참고로 **~だろう**의 공손한 표현은 **~でしょう**이다. (p.74 참고)

★ 작문해 봅시다

Keyword

これから 이제부터 | うまく行いく 잘되다 | 嘘うそ 거짓말 | お金かねがかかる 돈이 들다 | 寂さびしい 쓸쓸하다 | やっている 하고 있다 | 変へんだ 이상하다 | もう 이제 | いい 좋다, 됐다

1 이제부터 어떻게 될까?

2 아마 잘될 거야.

3 그것은 거짓말이지? 그렇지?

4 돈은 얼마나 들까?

5 혼자 쓸쓸하지?

6 뭐 하고 있을까?

7 괜찮을 거야.

8 이상하지?

9 이제 됐지?

10 어떻게 생각할까?

Point 4

～たら ～하면, ～이면 (현재와 반대되는 사실, 결과 예측 불가)

동사 ～たら (과거형 +ら)

時間(じかん)があったら、旅行(りょこう)がしたいです。 시간이 있으면 여행을 하고 싶어요.

韓国(かんこく)に来たら、連絡(れんらく)してください。 한국에 오면 연락하세요.

い형용사 ～かったら (과거형 +ら)

安(やす)かったら、たくさん買(か)います。 싸면 많이 살게요.

味(あじ)が薄(うす)かったら、塩(しお)を入(い)れてください。 간이 싱거우면 소금을 넣으세요.

な형용사 ～だったら (과거형 +ら)

好(す)きだったら、好きと言(い)いなさい。 좋으면 좋다고 말해.

もっと親切(しんせつ)だったらいいのに。 더 친절하면 좋을 텐데.

명사 ～だったら (과거형 +ら)

私(わたし)だったら、こっちにします。 나라면 이걸로 하겠어요.

娘(むすめ)だったら、いいですね。 딸이면 좋겠어요.

:: ～たら는 현재 사실과 반대되는 사실을 가정하거나, 결과를 알 수 없는 상황에서 가상의 상황을 가정하는 뉘앙스의 어미로 가장 가정법다운 가정형 어미라고 할 수 있다. 형태도 각 품사의 과거형에 ら만 붙이면 된다. 만들기도 쉽고 가장 폭 넓게 쓰이는 어미이므로 꼭 마스터해 두자.

★ 작문해 봅시다

Keyword

もし 만약에 | こう 이렇게 | しょうがない 어쩔 수 없다 | よい 좋다, 괜찮다 | だめだ 안 되다 | 渡わたす (물건을) 전하다, 건네다 | 気きに入いる 마음에 들다 | 返品へんぴん 반품 | 宝たからくじ 복권 | 当あたる 맞다 | 足たりない 모자라다 | 夢ゆめ 꿈 | ばれる 들키다 | 危あぶない 위험하다

1 만약에 나라면 이렇게 하겠어요.

2 없으면 어쩔 수 없어요.

3 괜찮으면 전화 주세요.

4 만약에 안 되면 어떻게 할까요?

5 그를 만나면 이것을 전해 주세요.

6 마음에 안 들면 반품도 할 수 있어요.

7 복권이 맞으면 어떻게 할 거예요?

8 모자라면 말하세요.

9 꿈이면 좋겠어요.

10 들키면 위험해요.

Today's Note

★ 다음 단어를 이용해서 오늘의 경험을 정리해 봅시다.

入学式にゅうがくしき 입학식 | 日ひ 날 | 慣なれる 익숙하다 | 自信じしん 자신 | 大久保おおくぼ 오쿠보 | 新宿しんじゅく 신주쿠 | 途中とちゅう 도중 | 方面ほうめん 방면 | かかる 걸리다 | ところが 하지만 | 止とまる 멈추다 | 快速かいそく 쾌속 | しょうがなく 어쩔 수 없이 | 駅員えきいんさん 역무원 | 東京とうきょう 도쿄 | きく 묻다

오늘은 입학식이 있는 날. 아직 일본 전철에 익숙하지 않은 상우 씨와 미나 씨이지만 학교까지라면 자신이 있었다. 오쿠보는 신주쿠로 가는 길이기 때문에 두 사람은 신주쿠 방면 전철만 타면 된다고 생각했다. 10분도 안 걸릴 거라고 생각했다. 하지만 그 전철은 오쿠보에 서지 않는 쾌속 전철이었다. 어쩔 수 없이 신주쿠에서 내린 두 사람은 역무원에게 물어서 학교에 갈 수 있었다. 도쿄의 전철은 일본 사람들에게도 어렵다고 한다. 잘 모르겠으면 역원에게 물어보면 된다.

전철 관련 용어

路線図(ろせんず) 노선도

時刻表(じこくひょう) 시각표

特急(とっきゅう) 특급 (목적지까지 논스톱으로 가는 열차)

~方面(ほうめん) ~방면

~行(ゆ)き ~행

上(のぼ)り 상행 (도쿄 중심으로 가는 열차)

下(くだ)り 하행 (도쿄 중심에서 벗어나는 열차)

改札口(かいさつぐち) 개찰구

運賃(うんちん) 운임, 요금

きっぷ 표

乗車券(じょうしゃけん) 승차권

定期券(ていきけん) 정기권 (1, 3, 6개월 단위로 있고, 정해진 구간 내에서는 승하차 자유)

乗(の)り越(こ)し精算(せいさん) 추가 요금 정산

乗(の)り越(こ)し料金(りょうきん) 추가 요금

チャージ 충전 (charge)

SUICA 스이카 (충전식 교통 카드)

PASMO 파스모 (충전식 교통 카드)

人身事故(じんしんじこ) 인신사고 (승객 때문에 전철이 일시적으로 운행을 중지하는 일)

運転(うんてん)を見合(みあ)わせる 운전을 보류하다 (사고가 났을 때)

遅延証明(ちえんしょうめい) 지연 증명 (일본은 시간에 늦으면 그 만큼 월급에서 공제하는 곳이 많아 사고 등으로 열차가 지연되면 역무원에게 이 지연 증명서를 받아 제출한다.)

道に迷う

길을 헤매다

外国人登録をするため、新宿に来たサンウさん。ところが新宿区役所はどこだ？

パク・サンウ　おかしいなあ。また戻ってしまったなあ。こんなはずない❶けどなあ。新宿駅は広すぎて❷本当に分かりにくい❷。これはきくしかない❸なあ。
あのう、すみません。新宿区役所はどこにありますか。

男性　区役所なら、たぶん東口の方にあるはず❶ですが、ここは南口です。東口に交番があるから、交番できいた方が早いと思います。

パク・サンウ　ああ、そうですか。ありがとうございます。
やっと東口からは出たけど、交番はどこだ？ ああ、あった。
あのう、すみません。新宿区役所に行きたいんですが。

お巡りさん　ここをまっすぐ行くと❹ビッグカメラが出るから、その前を通って、また100メートルぐらい行ってください。その突き当たりに靖国通りという❺大きい道路に出るから、その道を渡ると❹区役所です。

パク・サンウ　はい、わかりました。ありがとうございました。道に迷ったら交番できく。一つ勉強になったなあ。

외국인 등록을 하기 위해서 신주쿠에 온 상우 씨. 그런데 신주쿠 구청은 어디지?

박상우 이상하다. 다시 돌아와 버렸네. 이럴 리가 없는데. 신주쿠는 너무 넓어서 정말 알기 어려워. 이거 물어보는 수밖에 없겠다.
저, 죄송합니다. 신주쿠 구청이 어디 있나요?

남자 구청이라면 아마 동쪽 출구 쪽에 있을 텐데, 여기는 남쪽 출구예요. 동쪽 출구에 파출소가 있으니까 파출소에서 물어보는 게 빠를 거예요.

박상우 아, 그래요? 감사합니다.
드디어 동쪽 출구로 나왔는데, 파출소는 어디지? 아, 있다.
저 실례합니다. 신주쿠 구청에 가고 싶은데요.

순경 이 길을 곧장 가면 빅카메라가 나오니까 그 앞을 지나서 다시 100미터 정도 가세요. 그 길 끝에 야스쿠니 거리라는 큰 길이 나오니까 그 길을 건너면 구청이 있어요.

박상우 네, 알겠습니다. 감사합니다. 길을 잃어버리면 파출소에 묻는다. 하나 배웠네.

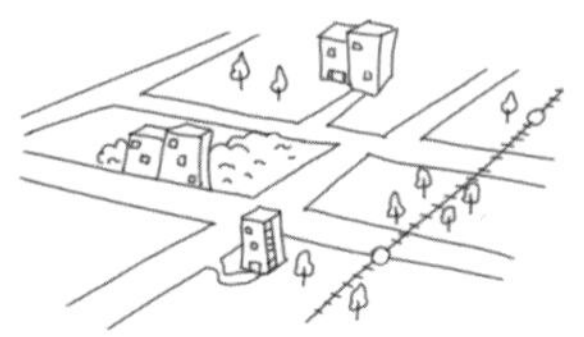

Word Box

道みちに迷まよう 길을 잃다, 헤매다
外国人がいこくじん 외국인
登録とうろく 등록
区役所くやくしょ 구청
おかしい 이상하다
～なぁ
～네, ～군(감탄을 나타내는 종조사)
戻もどる (제자리로) 돌아오다[가다]
～はずがない ～(일) 리가 없다
広ひろい 넓다
～しかない ～밖에 없다
たぶん 아마
東口ひがしぐち 동쪽 출구
南口みなみぐち 남쪽 출구
交番こうばん 파출소
まっすぐ 곧장
ビッグカメラ
빅카메라(유명한 전자제품점 이름)
通とおる 지나다
突つき当あたり 막다른 곳
～通どおり ～거리, ～로
渡わたる 건너다

니혼고 VS 한국어

まっすぐ行いってください VS 곧장 올라가세요

우리는 길을 안내할 때 '곧장 가세요.'라는 의미로 '곧장 올라가세요.'라고 하는 경우도 있다. 그래서 이것을 '오르다'라는 뜻의 동사 **上のぼる**나 **上あがる**를 이용해서 **のぼってください**, **上あがってください**라고 하기 쉬운데, 이것은 일본인에게는 '계단이나 엘리베이터를 타고 위로 올라가세요.'라는 뜻이 된다. 보도 위에 계단이나 엘리베이터가 있을 리도 없고 아마 이 말을 들은 일본인들은 머리를 갸우뚱하게 될 것이다. 그러므로 이때는 그냥 **まっすぐ行いってください**(곧장 가세요)라고 하면 된다.

Point 1

～はずだ (분명) ~할 것이다, ~일 것이다

동사	기본 활용 + はずだ	来(く)るはずです。 올 거예요.
い형용사	기본 활용 + はずだ	おいしいはずです。 맛있을 거예요.
な형용사	だ → な + はずだ	好(す)きなはずです。 좋아할 거예요.
명사	+ の + はずだ	これのはずです。 이것일 거예요.

～はず(が)ない ~할 리가 없다

동사	기본 활용 + はず(が)ない	来(く)るはず(が)ないです。 올 리가 없어요.
い형용사	기본 활용 + はず(が)ない	おいしいはず(が)ないです。 맛있을 리가 없어요.
な형용사	だ→な + はず(が)ない	好(す)きなはず(が)ないです。 좋아할 리가 없어요.
명사	+ の + はず(が)ない	これのはず(が)ないです。 이것일 리가 없어요.

:: **～はず**는 우리말 의존명사 '~ 터, ~ 리'에 해당하는 명사로 **～はずだ**는 '~할 것이다', **～はずがない**는 '~할 리가 없다'라는 강한 추측의 표현이 된다. **～はず**가 명사이므로 연결되는 품사도 각각 수식형을 취하여 な형용사는 **～なはずだ** 명사는 **～のはずだ**가 된다.

★ 작문해 봅시다

Keyword

たぶん 아마 | 知しる 알다 | 足たりない 부족하다 | ない 없다 | 必要ひつようだ 필요하다 | 独身どくしん 독신 | できる 할 수 있다 | 嬉うれしい 기쁘다 | 許ゆるす 용서하다

1 아마 알고 있을 거예요.

2 부족할 리가 없어요.

3 없을 리가 없어요.

4 돈이 필요할 거예요.

5 아마 독신일 거예요.

6 못 할 리는 없어요.

7 그럴 리 없어요.

8 모를 리 없어요.

9 기쁠 거예요.

10 용서해 줄 거예요.

Point 2

동사 ます형 + すぎる 너무 많이[지나치게] ~하다
やすい ~하기 쉽다[편하다]
にくい ~하기 어렵다[힘들다]

食(た)べる 먹다 → 食べます → 食べすぎる 너무 많이[지나치게] 먹다

食べやすい 먹기 쉽다[편하다]

食べにくい 먹기 어렵다[힘들다]

:: 하나 이상의 단어를 연결하여 보다 복합적인 뜻을 나타내는 것이 복합어이다. 동사 過(す)ぎる(지나다, 지나치다)를 다른 동사 뒤에 연결하면 '너무 ~하다, 지나치게 ~하다'가 된다. 또 앞에 연결되는 동사는 언제나 'ます형'이라는 것도 체크하자.

★ 작문해 봅시다

Keyword

飲(の)む 마시다 | 頭(あたま) 머리 | 痛(いた)い 아프다 | 誤解(ごかい)される 오해받다 | タイプ 타입 | 本人(ほんにん) 본인 | 話(はな)す 이야기하다 | 考(かんが)える 생각하다 | 運転(うんてん)する 운전하다

1 어제 술을 너무 많이 마셔서 머리가 아파요.

2 오해받기 쉬운 타입이에요.

3 본인 앞에서는 이야기하기 어려워요.

4 그것은 지나친 생각이에요.

5 이 차는 운전하기 편해요.

Point 3

명사 + しか + 부정형 ~밖에 없다, ~밖에 ~지 않다

동사 기본형 + しかない ~하는 수밖에 없다

ひとつしか知(し)りません。 하나밖에 몰라요.

これしかないです。 이것밖에 없어요.

会(あ)うしかないです。 만날 수밖에 없어요.

:: 조사 **~しか**는 언제나 뒤에 부정형을 수반하여 '~밖에 ~(하)지 않다'라는 표현을 만든다. 명사는 뒤에 바로 **~しか**를 붙여 쓰고, 동사의 기본형에 **~しかない**를 연결하면 '~하는 수밖에 없다'라는 표현이 된다.

★ 작문해 봅시다

正直しょうじきに 솔직히 | 話はなす 말하다 | 諦あきらめる 포기하다 | 我慢がまんする 참다 | お金かね 돈 | 持もつ 가지다 | 肉にく 고기

1 솔직히 이야기하는 수밖에 없어요.

2 포기하는 수밖에 없나요?

3 참는 수밖에 없군요.

4 돈은 1000엔밖에 가지고 있지 않아요.

5 고기밖에 안 먹어요.

Point 4

～と ～하면, ~이라면 (당연한 결과, 예측 가능한 결과)

동사 기본형 早く寝ると早く起きられる。 일찍 자면 일찍 일어날 수 있다.

부정형 早く寝ないと早く起きられない。 일찍 자지 않으면 일찍 일어날 수 없다.

い형용사 기본형 安いとたくさん買う。 싸면 많이 산다.

부정형 安くないと買わない。 싸지 않으면 안 산다.

な형용사 기본형 親切だとお客さんは来る。 친절하면 손님이 온다.

부정형 親切じゃないとお客さんは来ない。 친절하지 않으면 손님이 안 온다.

명사 기본형 成人だと結婚できる。 성인이면 결혼할 수 있다.

부정형 成人じゃないと結婚できない。 성인이 아니면 결혼할 수 없다.

※ **동사 + と + 과거형** ~하자 ~했다

ボタンを押すとドアが開きます。 버튼을 누르면 문이 열립니다.

ボタンを押すとドアが開きました。 버튼을 누르자 문이 열렸습니다.

:: **～たら**는 결과가 어떻게 될지 모르는 상황에서의 가정이라면, **～と**는 각 품사의 기본형과 부정형에 연결되어 이미 그 결과를 알면서도 일부러 가정 형태로 그 결과의 당연성과 필연성을 강조하는 표현이다. 또한 '~하자'라는 뜻으로 전후의 동작이 바로 연결됨을 표현할 때도 사용하는데, 이때는 주로 뒤에 과거형이 온다.

★ 작문해 봅시다

Keyword

春はる 봄 | 暖あたたかい 따뜻하다 | 熱あつい 뜨겁다 | 上手じょうずだ 잘하다 | 歌手かしゅ 가수 | だめだ 안 되다 | 右みぎ 오른쪽 | 曲まがる 돌다 | 銀行ぎんこう 은행 | 押おす 누르다 | お釣つり 거스름돈 | 涙なみだ 눈물 | 呪文じゅもん 주문 | 唱となえる 외우다 | 妖精ようせい 요정 | 現あらわれる 나타나다 | しょうが茶ちゃ 생강차

1 봄이 되면 따뜻해집니다.

2 뜨거우면 먹기 힘들어요.

3 노래를 잘하지 않으면 가수가 될 수 없어요.

4 저는 그 사람이 아니면 안 돼요.

5 오른쪽으로 돌자 은행이 있었다.

6 버튼을 누르자 거스름돈이 나왔다.

7 어머니의 목소리를 듣자 눈물이 났다.

8 주문을 외자 요정이 나타났다.

9 모두가 돌아가자 조용해졌어요.

10 감기에는 생강차를 마시면 좋아요.

Point 5

～という～ ～라는 ～

ハッピーという名前(なまえ)の犬(いぬ) 해피라는 이름의 개

「バンビーノ」というドラマ '밤비노'라는 드라마

いちごという果物(くだもの) 딸기라는 과일

:: **～と**가 조사인 경우 사물을 열거할 때는 '~와/과, ~하고'가 되지만 **言**い**う**(말하다), **思**おも**う**(생각하다), **聞**き**く**(듣다) 등과 같이 사용되면 인용의 조사 '~라고'가 된다. 이 중에서도 **～という～**는 어떤 대상의 이름을 붙여 설명할 때 사용할 수 있는 유용한 표현이다. 기억해 두면 더욱 구체적이고 자연스러운 일본어를 구사할 수 있다.

★ 작문해 봅시다

Keyword

地球ちきゅう 지구 | 星ほし 별 | UFO 유에프오 | 正体不明しょうたいふめい 정체불명 | 物体ぶったい 물체 | 上野うえの 우에노 | アメ横よこ 아메요코 | 市場いちば 시장 | かっぱ 갓파 | 想像そうぞう 상상 | 動物どうぶつ 동물 | 魚さかな 생선

1 지구라는 이름의 별

2 UFO라는 정체불명의 물체

3 우에노에는 아메요코라는 큰 시장이 있습니다.

4 갓파라는 상상의 동물을 아세요?

5 이것은 무슨 생선이에요?

Today's Note

★ 다음 단어를 이용해서 오늘의 경험을 정리해 봅시다.

Keyword

外国人がいこくじん 외국인 | 登録とうろく 등록 | 広ひろい 넓다 | 迷まよう 길을 헤매다 | 通とおりすぎる 지나가다 | 東口ひがしぐち 동쪽 출구 | 交番こうばん 파출소 | 区役所くやくしょ 구청 | 離はなれる 떨어지다 | 靖国やすくに通どおり 야스쿠니 거리 | 最初さいしょ 처음 | 見みつける 발견하다, 찾다 | とにかく 아무튼 | 大事だいじだ 중요하다 | 事実じじつ 사실

외국인 등록을 하기 위해서 신주쿠에 온 상우 씨는 너무 넓은 신주쿠 역 안에서 길을 헤매고 있었다. 그래서 지나가는 사람에게 길을 묻자 그 사람은 동쪽 출구에 파출소가 있을 테니 파출소에 가서 물어보는 것이 좋다고 가르쳐 주었다. 신주쿠 구청은 역에서 100미터 정도 떨어진 야스쿠니라는 거리에 있었다. 처음부터 동쪽 출구로 나오면 더 빨리 구청을 찾을 수 있었을 것이다. 상우 씨는 아무튼 신주쿠 역은 복잡하다고(알기 어렵다고) 생각했다. 하지만, 일본 사람은 길을 잃으면 파출소에 간다는 중요한 사실을 안 하루였다.

自転車乗り

자전거 타기

寮から駅まで15分くらい歩かなければならない❶し、スーパーや銀行も少し離れているため、パクさんはやっぱり自転車を買うことにした。

パク・サンウ　自転車は15年ぶりだけど、乗れる❷かなあ。やっぱり、自転車は楽だ。もう駅だ。どころで、どこに止めようかな。みんなここに止めているから大丈夫だろう。

警備員　ちょっと。ここに自転車止めてはだめ❸ですよ。

パク・サンウ　えっ、だめですか。

警備員　はい、ここは利用者がもう決まっているんです。
このステッカーを張った自転車だけ止めることができる❷んですよ。

パク・サンウ　じゃ、そのステッカーはどこでもらえる❷んですか。

警備員　あ、これは年の始めごろに市役所が利用者募集のハガキを送るから、その時に申し込んで❹ください。

パク・サンウ　じゃ、1年くらいは待たなければならない❶んですか。

警備員　残念ながら、そうなんです。一日100円だから、あちらの有料駐輪場に止めてください。そのまま❺に置き去りにすると警察に撤去されるから。

パク・サンウ　はい、わかりました。

기숙사에서 역까지 15분 정도 걸어야 하고, 슈퍼랑 은행도 떨어져 있기 때문에 상우 씨는 역시 자전거를 사기로 했다.

박상우 자전거는 15년 만인데, 탈 수 있을까? 역시 자전거가 편하다. 벌써 역이야. 그런데 어디에 세우지? 모두 여기에 세우니까 괜찮겠지?

경비원 잠깐만요. 여기 자전거 세우면 안 돼요.

박상우 어! 안 돼요?

경비원 네, 여기는 이용자가 이미 정해져 있거든요. 이 스티커를 붙인 자전거만 세울 수 있어요.

박상우 그럼 그 스티커는 어디에서 받을 수 있나요?

경비원 아, 이것은 연초에 시청이 이용자 모집 엽서를 보내니까 그때 신청하세요.

박상우 그럼 1년 정도 기다려야 하나요?

경비원 유감이지만 그래요. 하루에 100엔이니까 저쪽 유료 주차장에 세우세요. 그대로 두고 가면 경찰에 철거당하니까.

박상우 예, 알겠습니다.

Word Box

自転車じてんしゃ 자전거
警備員けいびいん 경비원
離はなれる 떨어지다
やっぱり 역시
～ぶり ～만
止とめる 세우다
利用者りようしゃ 이용자
決きまる 정해지다
張はる 붙이다
もらう 받다
年としの始はじめ 연초, 연시
～ごろ ～즈음, ～경
市役所しやくしょ 시청
募集ぼしゅう 모집
ハガキ 엽서
送おくる 보내다
申もうし込こむ 신청하다
残念ざんねんながら 유감이지만
有料ゆうりょう 유료
駐輪場ちゅうりんじょう 자전거 주차장
そのままに 그대로
置おき去ざりにする 두고 사라지다
警察けいさつ 경찰
撤去てっきょされる 철거당하다

니혼고 vs 한국어

申もうし込こむ vs 신청하다

'신청하다'라는 표현에는 **申もうし込こむ**와 **申請しんせいする**가 있다. **申し込む**는 '의지나 희망 등을 상대에게 전하다'라는 뜻의 고유어이고 **申請する**는 나라나 공공기관에 인가나 허가 등을 요구한다는 뜻인데, 실제 회화에서는 개인적이고 가벼운 일에는 **申し込む**를, 법적이고 중요한 일에는 **申請する**를 쓰는 경향이 있다.

結婚けっこんを申し込む 결혼을 신청하다
予約よやくを申し込む 예약을 신청하다
ビザーを申請する 비자를 신청하다
免許めんきょを申請する 면허를 신청하다

Point 1

부정형 + なければならない ~(하)지 않으면 안 된다, ~(해)야 한다

동사 順番(じゅんばん)を待(ま)たなければならない。순서를 기다려야 한다.

い형용사 モデルは背(せ)が高(たか)くなければならない。모델은 키가 커야 한다.

な형용사 外国語(がいこくご)が上手(じょうず)じゃなければならない。외국어를 잘해야 한다.

명사 美人(びじん)じゃなければならない。미인이어야 한다.

부정형

동사 1Group 동사 어미 → 그 어미가 속한 행의 첫 번째 음 + **ない**

2Group **る** 떼고 + **ない**

3Group **くる → こない / する → しない**

い형용사 い → く + ない

な형용사 だ → じゃ + ない

명사 だ → じゃ + ない

∷ **~なければならない**는 부정형 어미 **~ない**의 가정형 **~なければ**(~하지 않으면)에 동사 **なる**(되다)의 부정형 **ならない**(안 되다)가 연결된 이중부정의 표현으로 '~(하)지 않으면 안 된다' 즉 '~(해)야 한다'가 된 것이다. 하지만 **~なければならない**를 하나의 어미로 외워 두고, 앞에 연결되는 품사의 부정형에 주의하면 된다.

★ 작문해 봅시다

Keyword

携帯けいたい 휴대폰 | マナーモード 매너 모드 | 借かりる 빌리다 | 返かえす 돌려주다 | ルール 룰, 규칙 | 守まもる 지키다 | 魚さかな 생선 | 新鮮しんせんだ 신선하다 | 仕事しごと 일 | あなた 당신 | 男性だんせい 남자 | 強つよい 세다 | 楽たのしい 재미있다, 즐겁다 | 以上いじょう 이상

1 전철 안에서는 휴대전화를 매너 모드로 해야 한다.

2 빌린 돈은 돌려주지 않으면 안 된다.

3 규칙을 지켜야 한다.

4 생선은 신선해야 한다.

5 이 일은 당신이 아니면 안 된다.

6 또 와야 해요?

7 일본의 자동차는 왼쪽을 달려야 한다.

8 남자는 강하지 않으면 안 된다.

9 공부는 재미있어야 해요.

10 두 사람 이상이 아니면 안 돼요.

Point 2

가능형 ~할 수 있다

① 가능 표현 : 동사의 기본형 + ことができる

② 가능 동사 :

1Group 동사의 어미 → 그 어미가 속한 행의 네 번째 음 + る

2Group る 떼고 + られる

3Group くる → こられる

する → できる

行(い)く 가다 → 行(い)くことができる / 行(い)ける 갈 수 있다

食(た)べる 먹다 → 食(た)べることができる / 食(た)べられる 먹을 수 있다

くる 오다 → くることができる / こられる 올 수 있다

する 하다 → することができる / できる 할 수 있다

納豆(なっとう)を食(た)べることができます。 낫토를 먹을 수 있습니다. (= 먹는 것이 가능합니다.)

= 納豆(なっとう)が食(た)べられます。 낫토를 먹을 수 있습니다.

:: 우리말도 '~할 수 있다/없다', '~할 줄 알다/모르다', '~지 못하다' 등 여러 가지 가능의 표현이 있는 것처럼 일본어의 가능형은 동사 기본형에 ~ことができる(~것이 가능하다)를 연결하는 가능 표현과 동사 자체를 그룹별로 가능 동사로 활용시키는 두 가지 패턴이 있다.

★ 작문해 봅시다

信しんじる 믿다 | 通とおる 통과하다 | 使つかう 쓰다 | 出席率しゅっせきりつ 출석률 | 今度こんど 이번 | 奨学金しょうがくきん 장학금 | もらう 받다 | 意味いみ 의미

Keyword

1 믿을 수 없는 이야기

2 여기는 통과할 수 없어요.

3 한국에서도 엔화를 쓸 수 있어요.

4 이번에는 장학금을 받을 수 있어요.

5 의미를 알 수 없어요.

니뽄 라이프

◆ 일본의 자전거 문화

일본 생활에서 자전거가 차지하는 비중은 아주 크다. 일본은 상가와 주택가의 구분이 명확하고, 쇼핑센터나, 은행, 병원 등 생활의 편의시설은 주로 전철역을 중심으로 몰려 있다. 보통 역으로부터 15~20분 정도 떨어진 곳에 주택가가 형성되어 있고 주택가에는 편의점이나 세탁소 정도밖에 없어서, ちゃりんこ라는 애칭으로 불리는 자전거는 일본 생활에 없어서는 안 되는 필수품인 것이다. 자전거 이용자가 많은 만큼 여러 가지 규칙이 정해져 있는데 미리 알아 두면 도움이 될 것이다.

자전거 도난 방지를 위한 '자전거 등록제' 실시

자전거 구입을 한 후에는 반드시 방범 등록을 한다. 자전거 구입 시 자전거 가게에서 추가 비용을 내면 등록이 되고 스티커를 붙여 준다. 친구로부터 중고를 받을 때도 등록이 되어 있는지를 확인하고 등록이 되어 있으면 '양도 증명서'를 받아, 경찰서에서 다시 '방범 등록 변경'을 해야 한다.

자전거는 반드시 정해진 곳에만 세울 수 있다

자전거는 꼭 정해진 駐輪場ちゅうりんじょう(자전거 주차장)에 세워야 한다. 보통 역 앞의 駐輪場 이용권은 그 지역 구청에 신청을 해서 추첨을 통해 받을 수 있는데, 유료 駐輪場에 비해 저렴해서 경쟁률이 아주 높다. 당첨이 되지 않았을 때는 유료 駐輪場를 이용하는 것이 원칙이다. 駐輪場가 아닌 곳에 자전거를 세웠을 때는 방치 자전거로 취급되어 철거되며, 찾으러 가면 비싼 벌금을 내야 한다.

그 밖의 규칙

한 손으로 우산을 쓰고 타거나 저녁에 라이트를 켜지 않는 것, 이어폰으로 음악을 듣는 등 안전 운전에 방해가 되는 행동은 법으로 금하고 있다. 또한 자동차와 마찬가지로 우측 통행이라는 것도 명심하자.

～てはだめ(だ) ～해서는 안 된다, ～하면 안 된다

Point 3

言(い)う 말하다 → ぜったい言(い)ってはだめです。 절대 말하면 안 돼요.

開(あ)ける 열다 → ドアを開(あ)けてはだめです。 문을 열면 안 돼요.

くる 오다 → ここに来(き)てはだめです。 여기에 오면 안 돼요.

동사て형 **1Group** う・つ・る → って
む・ぶ・ぬ → んで
く → いて / ぐ → いで / す → して (※ 주의 行(い)く → 行(い)って)

2Group る 떼고 ＋て

3Group くる → きて / する → して

:: 금지의 표현 '~하면 안 된다'는 일본어로 **～てはだめ**(~해서는 안 된다)이다. 우리말을 그대로 일본어로 해서 **～たらだめ** 또는 **～ばだめ**라고 하지 않도록 주의하자. 그리고 앞에 연결되는 동사는 모두 て형이므로 그룹별 연결형도 다시 체크하자.

★ 작문해 봅시다

入はいる 들어가다 | 諦あきらめる 포기하다 | バカにする 무시하다, 하찮게 여기다 | 聞きく 듣다 | 一気いっきに 한숨에, 원샷으로 | 飲のむ 마시다

1 들어가면 안 돼요.

2 포기하면 안 돼요.

3 1엔을 무시하면 안 돼요.

4 저 사람 말을 들으면 안 돼요.

5 한 번에 마시면 안 돼요.

Point 4

동사 ます형 + 込(こ)む ~아 / 어 들다, 안쪽으로 ~하다

道(みち)が込(こ)む 길이 붐비다

考(かんが)え込む 생각에 빠져들다, 골똘히 생각하다

飛(と)び込む 뛰어들다

書(か)き込む 써넣다, 기입하다

詰(つ)め込む 가득 채워 넣다, 쑤셔 넣다

吹(ふ)き込む 불어넣다

:: '몰리다, 붐비다'라는 의미를 갖는 동사 **込む**는 다른 동사의 ます형에 연결하면 그 동작이 '안쪽으로 ~하다'라는 뜻이 된다. 우리말로 해석하기 어려운 경우도 있지만, 주로 '~아/어 들다'로 해석이 되는 경우가 많다.

★ 작문해 봅시다

Keyword

クリーム 크림 | コーヒー 커피 | 溶(と)け込(こ)む 녹아들다 | 割(わ)り込(こ)む 끼어들다 | 駆(か)け込(こ)む 달려들다, 뛰어들다 | 危(あぶ)ない 위험하다 | ゴクン(と) 꿀꺽 | 飲(の)み込(こ)む 삼키다 | 虫(むし) 벌레 | 飛(と)び込(こ)む 날아들다

1 크림이 커피에 녹아들어 갑니다.

2 끼어들지 마세요.

3 전철에(승차하기 위해) 뛰어드는 것은 위험해요.

4 꿀꺽 삼켜 버렸어요(마셔 버렸어요).

5 방에 벌레가 날아들어 왔어요.

Point 5

동사 과거형 + まま ~한 채로, ~ 대로

동사 부정형 + まま ~지 않은 채로

명사 + の + まま ~ 채로, ~ 대로

電気(でんき)をつけたまま外出(がいしゅつ)した。 전기를 켠 채로 외출을 했다.

化粧(けしょう)も取(と)らないまま寝(ね)てしまった。 화장도 지우지 않은 채로 자 버렸다.

故郷(ふるさと)は昔(むかし)のままだった。 고향은 옛날 (그)대로였다.

:: **~まま**는 '그대로의 상태'라는 뜻으로 우리말 '~채'에 해당하는 명사이다. 모든 품사에 연결할 수 있으나 주로 동사의 과거형과 부정형, 그리고 명사와 같이 쓸 때가 많다. 명사와 이어질 때는 사이에 **の**를 넣는 것을 잊지 말자.

★ 작문해 봅시다

靴くつ 구두 | 入はいる 들어가다 | 気きが付つく 알아차리다 | 通とおり過すぎる 지나가다 | 聞きく 듣다 | お菓子かし 과자 | 味あじ 맛 | 我慢がまんする 참다

1 구두를 신은 채로 들어가도 돼요.

2 알아차리지 못 한 채 지나쳐 버렸다.

3 들은 대로 말해 주세요.

4 이 과자는 어렸을 때 그대로의 맛이다.

5 이대로는 참을 수 없어요.

Today's Note

★ 다음 단어를 이용해서 오늘의 경험을 정리해 봅시다.

生活せいかつする 생활하다 | 自転車じてんしゃ 자전거 | 歩あるく 걷다 | くらい 정도 | 着つく 도착하다 | みんな 모두 | 止とめる 세우다 | 駅えきの前まえ 역 앞 | 駐輪場ちゅうりんじょう 자전거 주차장 | 警備員けいびいんさん 경비원 | 勝手かってに 마음대로, 제멋대로 | ステッカー 스티커 | 募集ぼしゅう 모집 | ほぼ 거의 | 置おき去ざりにする 그냥 두고 가다 | 警察けいさつ 경찰 | 撤去てっきょされる 철거당하다 | 有料ゆうりょう 유료 | 利用りようする 이용하다

일본에서 생활하기 위해서는 역시 자전거가 없으면 안 된다. 걸어서 15분 정도의 역도 오늘은 7분 만에 도착했다. 모두가 세우니까 상우 씨도 자전거를 역 앞에 세워도 될 거라고 생각했지만, 자전거 주차장 경비원 아저씨가 마음대로 세우면 안 된다고 했다. 역 앞에는 주차 스티커가 있는 자전거만 세울 수 있다고 했다. 하지만 주차 스티커를 받기 위해서는 내년 모집까지 거의 1년을 기다려야 한다. 조금 비싸지만, 그냥 두고 가서 경찰에게 철거당하는 것보다 나으니까 유료 주차장을 이용하는 수밖에 없다.

気象情報

일기예보

女子アナ　では、気象情報です。斎藤さん。

気象情報士　こちらお台場は日差しに春を感じられるお天気になっております。日中の最高気温です。東京は11度、その他も11度前後の予想です。日中いっぱいは晴ますが、夕方から雲が広がりそう❶です。

女子アナ　明日は天気が崩れて、再び寒くなる❷そう❸ですね。

気象情報士　はい、今夜遅くから一時的に雨が降ったり、東北では雪がちらつくところもあるでしょう❹。移動性の低気圧の影響により、明日は全国的に雨や雪になる見込みです❺。

女子アナ　また、寒さが戻ってくるでしょうか❹。

気象情報士　いいえ、週末は再び暖かくなって❷過しやすい、お天気になる❷でしょう。以上気象情報をお伝えいたしました。

여자 아나운서	그럼 일기예보입니다. 사이토 씨~.
기상 캐스타	여기 오다이바는 햇살에서 봄을 느낄 수 있는 화창한 날씨입니다. 낮 최고 기온입니다. 도쿄는 11도 그 외 지역도 11도 전후로 예상됩니다. 낮 동안 계속 맑겠습니다만, 저녁부터 구름이 많아질 것 같습니다.
여자 아나운서	내일은 날씨가 나빠져서 다시 추워진다면서요?
기상 캐스타	예, 오늘 밤 늦게부터 일시적으로 비가 오거나, 동북 쪽은 눈발이 날리는 곳도 있겠습니다. 이동성 저기압의 영향으로 내일은 전국적으로 비나 눈이 올 것으로 예상됩니다.
여자 아나운서	다시 추위가 돌아올까요?
기상 캐스타	아니요. 주말은 다시 따뜻해져서 지내기 좋은 쾌적한 날씨가 될 것 같습니다. 이상으로 일기예보를 전해 드렸습니다.

Word Box

- 気象情報きしょうじょうほう 기상 정보, 일기예보
- 女子じょしアナ 여자 아나운서
- 気象予報士きしょうよほうし 기상 캐스터
- 日差ひざし 햇살
- 日中にっちゅう 낮 동안
- 最高気温さいこうきおん 최고 기온
- その他た 그 밖에
- ～いっぱい ～내내, ～가득
- 晴はれる 맑다, 개다
- 夕方ゆうがた 저녁, 해질녘
- 広ひろがる 넓어지다, 펼쳐지다
- 崩くずれる 무너지다, 나빠지다
- 再ふたたび 재차, 다시
- 一時的いちじてき 일시적
- 東北とうほく 동북
- 移動性いどうせい 이동성
- 低気圧ていきあつ 저기압
- 影響えいきょう 영향
- 見込みこみ 예상, 전망
- 寒さむさ 추위
- 戻もどる (제자리로) 돌아오다[가다]
- 暖あたたかい 따뜻하다
- 過すごす 지내다
- 以上いじょう 이상
- 伝つたえる (말을) 전하다

니혼고 VS 한국어

伝(つた)える & 渡(わた)す VS 전하다

伝つたえる와 **渡わたす**는 우리말로 양쪽 모두 '전하다'가 된다. 하지만 한자를 보면 알 수 있듯이 **伝える**는 '말을 전하다'라는 뜻이고 **渡す**는 '물건을 전하다'라는 뜻이니 구별해서 사용하도록 하자.

話(はなし)を伝(つた)えてください。 이야기를 전해 주세요.　　よろしくお伝(つた)えください。 안부 전해 주세요.

この手紙(てがみ)を渡(わた)してください。 이 편지를 전해 주세요.

Point 1

~そうだ ~겠다, ~것 같다

い형용사 い 떼고 + そうだ

高(たか)い 비싸다 → 高そうだ 비쌀 것 같다

な형용사 だ 떼고 + そうだ

ひまだ 한가하다 → ひまそうだ 한가한 것 같다

동사 ます형 + そうだ

雨(あめ)が降(ふ)る 비가 오다 → 雨が降りそうだ 비가 올 것 같다

※ いい 좋다 → よさそうだ 좋을 것 같다 ※ ない 없다 → なさそうだ 없을 것 같다

そうだ의 활용

~そう ~겠다, ~것 같다

おいしそう。 맛있겠다, 맛있을 것 같다.

~そうな~ ~것 같은 ~

おいしそうなケーキ 맛있을 것 같은 케이크

~そうに ~인 듯이, ~(하)게

おいしそうに食べる。 맛있게 먹는다.

~そうですね ~겠네요, ~것 같네요

おいしそうですね。 맛있겠네요.

:: **~そうだ**는 앞에서 공부한 전문의 어미 이외에도 눈앞의 상황으로부터 받은 느낌을 '~겠다, ~것 같다, ~해 보인다'하고 추측의 형태로 표현하는 추측형 어미이기도 하다. 전문은 각 품사의 기본 활용에 연결되는 반면, 추측은 형용사와 동사에만 연결되며, 형용사는 **い**나 **だ**를 떼고, 동사 ます형 다음에 연결한다. 또 형용사 **いい**와 **ない**는 특별히 **よさそうだ**, **なさそうだ**가 되는 것을 기억해 두자. 그리고 추측의 **そうだ**는 위와 같이 な형용사 활용을 하므로 활용 형태를 미리 알아 두면 빠르고 자연스러운 화화를 하는 데 도움이 될 것이다.

★ 작문해 봅시다

Keyword

ドラマ 드라마 | やさしい 자상하다 | 崩くずれる 무너지다, 점점 나빠지다 | ネット喫茶きっさ PC방 | この辺へん 이 근처 | 簡単かんたんだ 간단하다 | かなり 꽤 | 死しぬ 죽다 | 新鮮しんせんだ 신선하다 | 偉えらい 위대하다, 훌륭하다

1 이 드라마 재미있을 것 같아.

2 부인은 자상할 것 같은 분이었어요.

3 날씨가 나빠질 것 같아요.

4 PC방은 이 근처에 없을 것 같지?

5 이 문제 간단하게 보였는데, 꽤 어렵네요.

6 더워 죽겠다.

7 나도 할 수 있겠어요.

8 신선해 보이는 생선이네요.

9 언제나 잘난 듯이 말해요.

10 몸에 좋을 것 같네요.

Point 2

～なる ～되다, ～지다

い형용사 (い→く) ～くなる ～아 / 어 지다 (～게 되다)

安(やす)い 싸다 → 安くなる 싸게 되다, 싸지다

安い 싸다 → 安く 싸게

な형용사 (だ→に) ～になる ～아 / 어 지다 (～게 되다)

有名(ゆうめい)だ 유명하다 → 有名になる 유명해지다

有名だ 유명하다 → 有名に 유명하게

명사 ～になる ～이 / 가 되다

大人(おとな) 어른 → 大人になる 어른이 되다

동사 ～ようになる ～(하)게 되다

行(い)く 가다 → 行くようになる 가게 되다

行く 가다 → 行くように 가게, 가도록

:: 사물의 변화를 나타내는 동사 **なる**는 우리말 '~되다, ~해지다'에 해당하는 단어로 일기예보는 물론 일상회화에 자주 등장하는 아주 중요한 표현 중의 하나이다. 문법적인 면에서도 품사별 연결 형태에 주의해야 하는데, 먼저 '형용사 ~해지다'는 결국 '~하게 되다'로 바꿔 표현할 수 있으므로 앞의 형용사는 모두 부사형 즉 い형용사는 **い→く**로, な형용사는 **だ→に**로 바꾼 후에 **なる**를 연결하면 된다. 그리고 동사는 기본형에 **～ように**를 연결한 후 **なる**를 붙이면 '~하게 되다'라는 표현이 된다. 또 명사는 '~이 되다'를 그대로 일본어로 해서 조사 **～が**를 쓰지 않도록 주의하자.

★ 작문해 봅시다

Keyword

けっこう 꽤 | 強つよい 세다 | 嫌きらいだ 싫다 | もう少すこし 조금만 더 | なる 되다 | 話はなせる 말할 수 있다 | もっと 더 | だめだ 소용이 없다 | 癖くせ 버릇 | 信しんじる 믿다 | 分わかる 알다

1 꽤 술이 세졌네요.

2 당신이 싫어졌어요.

3 좀 더 싸게 안 돼요?

4 뭐가 되고 싶어요?

5 일본어로 말할 수 있게 됐어요.

6 더 맛있어져요.

7 소용이 없어졌어요.

8 버릇이 됐어요.

9 믿게 됐어요.

10 언젠가 알게 될 거예요.

Point 3

～そうだ ～다고 한다, ～라고 한다 (각 품사의 기본 활용형에 연결)

동사 기본형 会(あ)うそうです。 만난다고 합니다.

부정형 会わないそうです。 안 만난다고 합니다.

과거형 会ったそうです。 만났다고 합니다.

い형용사 기본형 おもしろいそうです。 재미있다고 합니다.

부정형 おもしろくないそうです。 재미없다고 합니다.

과거형 おもしろかったそうです。 재미있었다고 합니다.

な형용사 기본형 親切(しんせつ)だそうです。 친절하다고 합니다.

부정형 親切ではないそうです。 친절하지 않다고 합니다.

과거형 親切だったそうです。 친절했다고 합니다.

명사 これだそうです。 이것이라고 합니다.

～そうですね ～한다면서요, ～이라면서요

会(あ)うそうです。 만난다고 합니다.

会うそうですね。 만난다면서요?

:: 각 품사의 기본활용(현재, 부정, 과거, 과거부정) 다음에 **～そうだ**를 붙이면 '~다고 한다', '~지 않는다고 한다', '~했다고 한다', '~지 않았다고 한다'와 같이 남에게 들은 내용을 전달하는 전문의 표현이 된다. 신문이나 뉴스뿐만 아니라 일상회화에서도 폭 넓게 사용되는 표현이니 꼭 알아 두자. 그리고 우리말 '~한다면서요? ~이라면서요?'는 자신이 들은 사실을 상대방에게 확인하는 표현이므로 전문의 **～そうだ**에 확인의 종조사 **～ね**를 붙이면 된다.

★ 작문해 봅시다

Keyword

試験しけん 시험 | 難むずかしい 어렵다 | アメリカ 미국 | 首脳会談しゅのうかいだん 수뇌회담 | 開ひらかれる 열리다 | 暑あつくなる 더워지다 | いろいろ 여러 가지 | 法律ほうりつ 법률, 법 | 変かわる 바뀌다 | 進路しんろ 진로 | 悩なやみ 고민 | OLオーエル 직장 여성 | すごい 굉장하다

1 시험이 어려웠다고 합니다.

2 미국에서 수뇌회담이 열린다고 합니다.

3 그녀는 애인이 아니라고 합니다.

4 내일은 더 더워진다면서요?

5 여러 가지 문제가 있다면서요?

6 내년부터 법이 바뀐다고 합니다.

7 요즘 바쁘다고 합니다.

8 진로가 고민이라고 합니다.

9 직장여성에게 인기가 있다면서요?

10 어제는 굉장했다면서요?

Point **4**

～でしょうか。 ～할까요? ～일까요?

～でしょう。 ～할 거예요, ～일 거예요, ～이겠지요.

～でしょう? ～지요?

동사 いるでしょうか。 있을까요?

いるでしょう。 있을 거예요.

いるでしょう？ 있지요?

い형용사 おいしいでしょうか。 맛있을까요?

おいしいでしょう。 맛있을 거예요.

おいしいでしょう？ 맛있지요?

な형용사 好(す)きでしょうか。 좋아할까요?

好きでしょう。 좋아할 거예요.

好きでしょう？ 좋아하지요?

명사 これでしょうか。 이것일까요?

これでしょう。 이것일 거예요.

これでしょう？ 이것이죠?

:: ～です(~입니다)의 추측형 어미 ～でしょう(~일 거예요)는 의문형 ～でしょうか가 되면 '~일까요?'라고 자신의 추측에 대해 상대방의 의견을 묻는 표현이 되지만, 그냥 억양만을 올려 ～でしょう？라고 하면 자신이 알고 있는 사실을 상대방에게 확인하는 표현이 되므로 주의하자. (참고로 ～でしょう의 반말 표현은 ～だろう이다. p.40 참조)

★ 작문해 봅시다

Keyword

どうなる 어떻게 되다 | 治なおる 낫다 | こうなる 이렇게 되다 | しょうがない 어쩔 수 없다 | すごい 굉장하다 | 分わかる 알다

1 어떻게 될까요?

2 정말 나을까요?

3 이렇게 되었으니까 어쩔 수 없겠지요.

4 정말 굉장하죠?

5 이제 알았죠?

일본의 기후와 생활

3월 ~ 5월

일본의 봄은 春一番はるいちばん이라는 강한 남풍과 함께 시작한다. 봄이 되면 상승하는 기온을 따라 대기 중에 퍼지는 杉すぎ(삼나무)의 꽃가루는 花粉症かふんしょう(꽃가루 알레르기)가 있는 사람들에게는 심한 고통을 주기도 한다. 고글에 입체 마스크로 완전 무장한 사람들 또한 봄에만 볼 수 있는 진풍경이기도 하다.

6월 ~ 7월 중순

6월은 梅雨つゆ(장마)가 시작되는 시기로 보통 7월 중순에 끝난다.

7월말 ~ 8월

장마가 끝나면 본격적인 여름이 시작되는데 비교적 비가 적고 맑은 날이 많아. 여름의 명물인 隅田川すみだがわ의 불꽃놀이를 시작으로 곳곳에서 불꽃축제가 열린다. 섬나라인 만큼 우리나라와는 비교할 수 없는 찜통 더위가 계속되며, 하루 종일 맑다가도 저녁에는 雷かみなり(천둥번개)를 동반한 夕立ゆうだち라는 게릴라성 호우가 내리기도 한다.

9월 ~ 10월

9월에도 일본은 더위가 계속되는데, 이것을 残暑ざんしょ(늦더위)라고 하고 台風たいふう(태풍)와 함께 가을장마가 시작된다.

12월 ~ 2월

도쿄는 영하로 떨어지는 날은 거의 없지만, 일본의 겨울 바람은 한국에 비해 습기가 많고 차갑기 때문에 체감 온도는 영하의 날씨와 그다지 차이가 나지 않는다. 그래서 온돌이 없는 일본에서 한국 사람들이 제일 견디기 힘든 계절이 바로 겨울일 것이다. 요즘은 일본도 아파트는 床暖房ゆかだんぼう(온돌 난방)가 되어 있는 곳이 많지만, 비싸기 때문에 서민들은 집에서도 옷을 많이 입고 지내며, 자기 전에는 뜨거운 목욕물로 몸을 따뜻하게 한 후에 잠자리에 드는 것이 일반적이다. 그리고 아래쪽에 전기 스토브가 붙어 있는 こたつ라는 테이블이나 이불 속에 넣을 수 있는 뜨거운 물통 湯ゆたんぽ와 같은 난방 기구를 사용하기도 한다.

Point 5

동사 기본형 + 見込(みこ)みです ~(할) 전망입니다, ~(할) 것으로 예상됩니다

雨(あめ)や雪(ゆき)になる見込みです。 비나 눈이 올 것으로 예상됩니다.

新法案(しんほうあん)は通過(つうか)する見込みだ。 새 법안은 통과할 전망이다.

上半期(かみはんき)の実績(じっせき)はどうなる見込みですか。 상반기 실적은 어떻게 될 전망입니까?

今後(こんご)の見込みについてひとことお願(ねが)いします。 향후 전망에 대해서 한 말씀 부탁드립니다.

東京(とうきょう)タワーからきれいな夜景(やけい)が展望(てんぼう)できます。 도쿄타워에서 아름다운 야경을 전망할 수 있습니다.

:: 원래 **見込み**는 우리말로 '전망, 예상, 가능성, 장래성' 등으로 해석되는 표현으로 일기예보나, 뉴스 등에 자주 등장한다. 하지만 '멀리 보이는 경치'라는 의미의 '전망'은 한자어 **展望**てんぼう를 그대로 쓸 수 있으니 같이 암기해 두자.

★ 작문해 봅시다

Keyword

不景気ふけいき 불경기 | 続つづく 계속되다 | なかなか 꽤 | 青年せいねん 청년 | 治なおる 낫다 | 病気びょうき 병 | 明日あす 내일 | 南地方みなみちほう 남부 지방 | 上陸じょうりくする 상륙하다 | 屋上おくじょう 옥상 | 市内しない 시내

1 내년에도 불경기가 계속될 전망입니다.

2 꽤 유망한 청년이네요.

3 나을 가망이 없는 병이라고 합니다.

4 내일은 태풍이 남부 지방에 상륙할 것으로 예상됩니다.

5 이 집은 전망이 좋아서 옥상에서 시내가 보여요.

Today's Note

★ 다음 단어를 이용해서 오늘의 경험을 정리해 봅시다.

窓まどを開あける 창문을 열다 | 一日中いちにちじゅう 하루 종일 | ところが 그런데 | ~によると ~에 의하면 | 日中にっちゅう 점심때, 주간, 낮 | 崩くずれる 날씨가 나빠지다 | もう 이미, 벌써 | 一時的いちじてき 일시적 | 本格的ほんかくてき 본격적 | 始はじまる 시작하다 | 桜さくら 벚꽃 | いつごろ 언제쯤 | 咲さく 피다

아침에 일어나 창문을 연 미나 씨는 오늘은 하루 종일 맑겠다고 생각했다. 그런데 텔레비전의 일기예보에 의하면 낮에는 맑아서 봄을 느낄 수 있지만, 저녁부터 날씨가 나빠진다고 한다. 그리고 내일은 이동성 저기압의 영향으로 전국적으로 비나 눈이 오고 추워질 전망이라고 한다. 그러나 추워지는 것은 일시적이며 추위가 돌아오지는 않기 때문에 주말은 다시 따뜻해져서 지내기 좋은 쾌적한 날씨가 될 것이라고 한다. 그럼 벚꽃은 언제쯤 필까?

표현 플러스

날씨 관련 표현

雨(あめ)が降(ふ)る 비가 오다

晴(は)れ 맑음

曇(くも)り 흐림

霜(しも)が降(お)りる 서리가 내리다

霧(きり)がかかる 안개가 끼다

雷(かみなり)がなる 천둥이 치다

雪(ゆき)が降(ふ)る 눈이 오다

晴(は)れる 맑다, 개다

曇(くも)る 흐리다

風(かぜ)が吹(ふ)く 바람이 불다

台風(たいふう)がくる 태풍이 오다

いなずまが走(はし)る 번개가 치다

계절별 날씨 표현

春(はる) 봄

花冷(はなび)え 꽃샘추위

花粉症(かふんしょう) 꽃가루 알레르기

春一番(はるいちばん) 처음 부는 봄바람

暖(あたた)かい 따뜻하다

立春(りっしゅん) 입춘

さくら前線(ぜんせん) 벚꽃전선

黄砂(こうさ) 황사

春雨(はるさめ) 봄비

穏(おだ)やかだ 온화하다

夏(なつ) 여름

梅雨(つゆ) 장마

日照(ひで)り 가뭄

紫外線(しがいせん) 자외선

熱中症(ねっちゅうしょう) 탈진

蒸(む)し暑(あつ)い 무덥다

立夏(りっか) 입하

洪水(こうずい) 홍수

熱帯夜(ねったいや) 열대야

不快指数(ふかいしすう) 불쾌지수

大雨(おおあめ) 폭우

じめじめする 눅눅하다

秋(あき) 가을

秋晴(あきば)れ 가을의 청명한 하늘

紅葉前線(もみじぜんせん) 단풍전선

涼(すず)しい 시원하다

肌寒(はだざむ)い 쌀쌀하다

立秋(りっしゅう) 입춘

天高(てんたか)く馬肥(うまこ)ゆる 천고마비

秋雨(あきさめ) 가을비

さわやかだ 상쾌하다

寂(さび)しい 쓸쓸하다

冬(ふゆ) 겨울

冬至(とうじ) 동지

初雪(はつゆき) 첫눈

雪崩(なだ)れ 눈사태

大雪(おおゆき) 대설, 폭설

凍(こお)る 얼다

立冬(りっとう) 입동

寒(さむ)い 춥다

吹雪(ふぶき) 눈보라

三寒四温(さんかんしおん) 삼한사온

乾燥(かんそう)している 건조하다

그 밖의 일기예보 용어

天気図(てんきず) 일기도

大気(たいき) 기압

気温(きおん) 기온

降水確率(こうすいかくりつ) 강수 확률

湿度(しつど) 습도

湿気(しっけ) 습기

〜注意報(ちゅういほう) 〜주의보

日格差(にちかくさ) 일교차

高気圧(こうきあつ) 고기압

気温(きおん)が上(あ)がる 기온이 올라가다

最低気温(さいていきおん) 최저 기온

湿度(しつど)が高(たか)い 습도가 높다

湿気(しっけ)が多(おお)い 습기가 많다

週間予報(しゅうかんよほう) 주간예보

低気圧(ていきあつ) 저기압

気温(きおん)が下(さ)がる 기온이 내려가다

最高気温(さいこうきおん) 최고 기온

湿度(しつど)が低(ひく)い 습도가 낮다

湿気(しっけ)が少(すく)ない 습기가 적다

銀行で

은행에서

案内係　今日は何のご用ですか。

パク・サンウ　口座を開設したいんですが。

案内係　でしたら、あの番号票をお取りになって、こちらの席でお待ちください。

パク・サンウ　はい、ありがとうございます。

窓口　524番のお客さま。524番のお客さま。

パク・サンウ　はい、あのう、普通預金通帳を作ろうと思うんですが。

窓口　はい、運転免許証か保険証など❶お持ちですか。

パク・サンウ　僕は韓国人なので、外国人登録証しかないですが、大丈夫ですか。

窓口　ええ、身分を証明できるものであれば❷大丈夫ですよ。では、こちらにお名前とご住所とお電話番号を書いてください。それから、こちらは暗証番号ですね。犯罪防止のため、お誕生日や電話番号などは避けてください。

パク・サンウ　はい、書きました。

窓口　では、お掛けになって、お待ちください。
パクさま。パクさま。お待たせ致しました。キャッシュカードはご自宅まで郵送させて❸いただきます❹。一週間くらいかかると思いますが、もし、届かなかったら、ご連絡ください。

안내원　오늘은 어떻게 오셨습니까?

박상우　계좌를 개설하고 싶은데요.

안내원　그러시면 저 번호표를 뽑으시고 이쪽 자리에서 기다리십시오.

박상우　네, 고맙습니다.

창구　524번 손님. 524번 손님.

박상우　네, 저, 보통예금 통장을 만들려고 하는데요.

창구　네, 운전면허증이나 의료보험증 같은 거 가지고 계세요?

박상우　저는 한국 사람이라서 외국인등록증밖에 없는데 괜찮습니까?

창구　네, 신분을 증명할 수 있는 것이라면 괜찮아요. 그럼 여기에 성함하고, 주소하고, 전화번호를 써 주세요. 그리고 여기는 비밀번호예요. 범죄 방지를 위해서 생일이나 전화번호 같은 것은 피해 주세요.

박상우　네, 썼어요.

창구　그럼 앉아서 기다려 주세요.
박상우 님, 박상우 님. 많이 기다리셨습니다. 현금카드는 댁으로 우송해 드리겠습니다. 일주일 정도 걸릴 것 같은데, 만일 도착하지 않으면 연락 주세요.

Word Box

案内係あんないがかり 안내원
(ご)用よう 일, 용무
口座こうざ 계좌
開設かいせつ 개설
でしたら 그러시면
番号票ばんごうひょう 번호표
窓口まどぐち 창구
普通ふつう 보통
預金通帳よきんつうちょう 예금통장
運転免許証うんてんめんきょしょう 운전면허증
保険証ほけんしょう 보험증
持もつ 가지다, 소지하다
身分みぶん 신분
証明しょうめい 증명
住所じゅうしょ 주소
電話番号でんわばんごう 전화번호
暗証番号あんしょうばんごう 비밀번호
犯罪防止はんざいぼうし 범죄 방지
誕生日たんじょうび 생일
避さける 피하다
掛かける (의자에) 앉다
キャッシュカート 현금카드
ご自宅じたく 자택
郵送ゆうそう 우송
届とどく 닿다, 도착하다

니혼고 VS 한국어

暗証番号(あんしょう) VS 비밀번호

일본에도 '비밀'에 해당하는 **秘密**ひみつ라는 단어는 있지만, 은행에서 비밀번호를 **秘密番号**ばんごう라고 하지 않는다. 일본에서는 본인만이 그 증거를 기억하고 있다는 뜻의 단어 **暗証**あんしょう를 사용하여 **暗証番号**라고 한다.

Point 1

~か~など ~나 ~ 같은 것/곳/때
~や~など ~랑 ~같은 것/곳/때

免許証(めんきょしょう)か保険証(ほけんしょう)など 면허증이나 보험증 같은 것

免許証か保険証など証明書(しょうめいしょ) 면허증이나 보험증 같은 증명서

お誕生日(たんじょうび)や結婚記念日(けっこんきねんび)など 생일이랑 결혼기념일 같은 때

:: **~か~など**나 **~や~など**는 여러 가지 중에서 몇 가지 예를 들 때 사용할 수 있는 표현으로, **~か~など**는 선택의 뉘앙스가 있고 **~や~など**는 열거의 뉘앙스가 있다. 원래 **~など**의 사전적인 의미는 '기타 등등'이지만 실제 회화에서 '~같은 것, ~같은 곳, ~같은 때'를 대신한다. 그리고 뒤에 구체적인 명사를 연결하면 '~ 같은 ~'라는 수식형 표현이 되기도 한다.

★ 작문해 봅시다

Keyword

行楽地こうらくち 행락지 | 込こむ 붐비다 | ハンバーガー 햄버거 | ピザ 피자 | カロリー 칼로리 | 大都市だいとし 대도시 | カラス 까마귀 | ビール 맥주 | ワイン 와인

1 행락지는 주말과 휴일 같은 때는 아주 붐빕니다.

2 햄버거랑 피자 같은 것은 칼로리가 높다.

3 도쿄랑 오사카 같은 대도시에 까마귀가 많아요.

4 맥주나 와인 같은 것은 어떠세요?

5 8일이나 9일 같은 때가 좋아요.

Point 2

～だ→～である ～이다, ～하다
～だ→～であれば ～이라면, ～하다면

問題(もんだい)だ → 問題である 문제이다

→ 問題であれば 문제라면

有名(ゆうめい)だ → 有名である 유명하다

→ 有名であれば 유명하다면

:: **～である**는 명사나 な형용사에 연결되는 **～だ**의 격식체로 조금 딱딱한 느낌의 표현이지만, 일상회화에서도 의외로 많이 쓰니 알아 두자. 그리고 **～であれば**는 **～である**에 조건의 가정형 **～ば**가 연결된 것이다.

★ 작문해 봅시다

Keyword

親おや 부모 | 責任せきにん 책임 | 人間にんげん 인간 | 葦あし 갈대 | 法律ほうりつ 법률 | 平等びょうどうだ 평등하다 | 健康けんこうだ 건강하다 | 要いる 필요하다

1 아이 문제는 부모의 책임이다.

2 인간은 생각하는 갈대다.

3 법률 앞에서는 누구나 평등하다.

4 그 이야기가 정말이라면 좋겠네요.

5 건강하다면 아무것도 필요 없어요.

~せる/させる ~게 하다, ~시키다 (사역형)

Point 3

1Group 동사 어미 → 그 어미가 속한 행의 첫 번째 음 + **せる**

聞(き)く : く → か + せる → 聞かせる 듣게 하다

※ 買(か)う : う → わ + せる → 買わせる 사게 하다

2Group **る** 떼고 + **させる**

見(み)る → 見させる 보게 하다

3Group くる → こさせる 오게 하다

する → させる 하게 하다, 시키다

:: '~하게 하다, ~시키다'라는 의미의 사역형 활용은 각 그룹별로 위와 같다. 3그룹은 외우고, 2그룹은 **る** 떼고 **+させる**, 1그룹 동사는 그 동사의 어미를 그 어미가 속한 행의 첫 번째 음으로 바꾼 후에 **~せる**를 붙이는데, 특히 어미가 **~う**인 동사는 **~あせる**가 아니라 **~わせる**가 되는 것에 주의하자.

★ 작문해 봅시다

服ふく 옷 | 約束やくそくを破やぶる 약속을 어기다 | 怒おこる 화내다 | 一人ひとりで 혼자(서) | そろそろ 슬슬 | わざわざ 일부러

Keyword

1 아이에게 옷을 입혔습니다.

2 약속을 어겨서 친구를 화나게 했습니다.

3 혼자 가게 해 주세요.

4 슬슬 결혼시키려고 합니다.

5 일부러 오게 해서 미안해요.

Point 4

동사 사역형 + ていただきます (괜찮으시다면) ~하겠습니다

郵便(ゆうびん)で送(おく)らせていただきます。 우편으로 보내겠습니다.

自己紹介(じこしょうかい)させていただきます。 자기소개를 하겠습니다.

歌(うた)わせていただきます。 노래를 하겠습니다.

:: 일본인들은 상대방에 대해서 자신을 낮추는 것을 미덕으로 여기기 때문에 일본어는 겸양어가 아주 발달된 언어라고 할 수 있다. 그 중 하나인 '사역형 + **ていただく**'는 사역형 뒤에 **もらう**의 겸양어 **いただく**가 연결된 것으로 직역하면 '~하게 해 받겠습니다', '~시킴을 받겠습니다'라고 할 수 있다. 즉 '허락하시면 ~하겠습니다'라는 뜻이다. 앞에서 공부한 **お~する/お~いたす**와 비교하면 상대의 의향을 살피는 뉘앙스가 더해진 것이라 할 수 있다. 겸양의 표현은 우리말로 해석되지 않는 것이 많아서 어렵기는 하지만, 고객을 상대로 서비스를 제공하는 곳이라면 어디서든지 들을 수 있는 표현이므로 꼭 알아 두어야 한다.

★ 작문해 봅시다

Keyword

お先さき 먼저 | 後程のちほど 추후, 나중에 | 連絡れんらく 연락 | 喜よろこんで 기쁘게, 기꺼이, 잘 | 使つかう 쓰다 | 辞やめる 그만두다 | 味見あじみをする 맛을 보다

1 먼저 가겠습니다.

2 추후에 연락하겠습니다.

3 잘 쓰겠습니다.

4 그만두겠습니다.

5 맛을 보겠습니다.

Today's Note

★ 다음 단어를 이용해서 오늘의 경험을 정리해 봅시다.

口座こうざ 계좌 | 開設かいせつする 개설하다 | ふつう 보통 | 通帳つうちょう 통장 | 免許証めんきょしょう 면허증 | 保険証ほけんしょう 보험증 | 身分みぶん 신분 | 証明しょうめいする 증명하다 | 外国人がいこくじん登録証とうろくしょう 외국인등록증 | 申込書もうしこみしょ 신청서 | 暗証番号あんしょうばんごう 비밀번호 | 誕生日たんじょうび 생일 | 避さける 피하다 | ~ように ~하도록 | 注意ちゅういする 주의하다 | キャッシュカード 현금카드 | ご自宅じたく 자택 | 郵送ゆうそうする 우송하다 | 届とどく (소포 등이) 도착하다 | 担当たんとう 담당자 | チェックする 체크하다 | 忘わすれる 잊다

상우 씨는 계좌를 개설하려고 은행에 갔다. 보통 일본 사람이 통장을 만들 때는 면허증이나 보험증 같은 것이 필요하지만, 외국인은 외국인등록증 같은 신분을 증명할 수 있는 것이라면 괜찮다고 했다. 창구에 있는 사람은 상우 씨에게 신청서를 쓰게 하고 비밀번호는 생일이랑 전화번호 같은 것을 피하도록 주의시켰다. 그리고 "현금카드는 댁으로 우송하겠습니다."라고 말했다. 이것으로 계좌 개설이 됐다. 하지만, 상우 씨는 일주일 후 카드가 도착하지 않으면 연락하기 위해서 담당자 이름을 확인하는 것을 잊지 않았다.

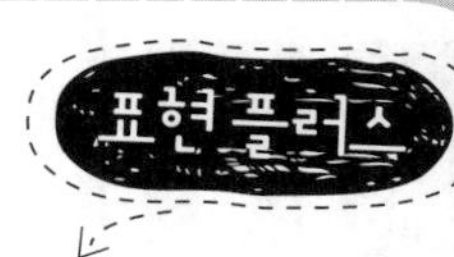

은행 관련 표현

銀行(ぎんこう) 은행

口座(こうざ) 계좌

預金(よきん) 예금

解約(かいやく) 해약, 해지

ATM 현금 자동 인출기

お取引(とりひき) 거래

お引(ひ)き出(だ)し 인출

お預(あず)け入(い)れ 입금

クレジットカード 신용카드

明細書(めいさいしょ) 명세서

現金(げんきん) 현금

残高照会(ざんだかしょうかい) 잔액 조회

小切手(こぎって) 수표

貯金(ちょきん) 저금

貸(か)し出(だ)し 대출

両替(りょうがえ) 환전

支店(してん) 지점

口座(こうざ)を開(ひら)く 계좌를 개설하다

利率(りりつ) 이율

変更(へんこう) 변경

手数料(てすうりょう) 수수료

はんこ 도장

身分証明書(みぶんしょうめいしょ) 신분증

お振(ふ)り込(こ)み 이체

自動引(じどうひ)き落(お)とし 자동이체

為替(かわせ)レート 환율

小銭(こぜに) 잔돈, 동전

通帳記入(つうちょうきにゅう) 통장 정리

裏書(うらがき)する 이서하다

オンラインバンキング 인터넷뱅킹

モバイルバンキング 모바일뱅킹

送金(そうきん) 송금

携帯を作ろう

휴대전화를 만들자

店員	次のお客様、どうぞ。
パク・サンウ	今日は携帯をつくる前に、料金とか❶モデルとか❶いろいろ調べたくて。
店員	きくだけでも❷いいですよ。ご希望の携帯などはありますか。
パク・サンウ	まあ、安くて、使いやすいものがいいですね。
店員	そうですか、でしたら、こちらがただいまキャンペーン期間中で値下げしております。それからこちらは新発売でテレビの❸見られる携帯とクイック検索のインターネット携帯ですが、こちらも見てみてください。
パク・サンウ	いいですね。料金などはどうなりますか。
店員	いろんなプランがありますが、当社の携帯同士は電話料が無料で、他社にかけない限り❹、基本使用料2500円と電話料だけなのでだいたい月々4000円ぐらいですね。もちろん、お客様によって❺違いますが。それから、もし学生さんでしたら、学生割引もありますよ。
パク・サンウ	ところで、僕、韓国人ですが、必要な書類は何ですか。
店員	外国人登録証と通帳とはんこですね。
パク・サンウ	わかりました。では、あさってまた来ます。
店員	はい。では、お待ちしております。

점원　다음 손님.

박상우　오늘은 휴대전화를 만들기 전에 요금이라든가 모델이라든가 여러 가지를 좀 알아보고 싶어서요.

점원　물어보시기만 해도 돼요. 원하시는 휴대전화 같은 것이 있으세요?

박상우　뭐 싸고 쓰기 편한 것이 좋죠.

점원　그러세요? 그러시면 이쪽이 지금 캠페인 기간 중이라 세일을 하고 있어요. 그리고 이쪽은 신제품으로 TV를 볼 수 있는 휴대전화하고, 빠른 검색을 할 수 있는 인터넷 휴대전화인데 이쪽도 한번 보세요.

박상우　좋네요. 요금 같은 것은 어떻게 되나요?

점원　여러 가지 요금제가 있는데, 우리 회사 휴대전화끼리는 통화료가 무료이고, 타사에 걸지 않는 이상 기본 사용료 2,500엔하고 통화료뿐이니까, 거의 매월 4천 엔 정도예요. 물론 손님마다 다르지만. 그리고 만약 학생이시면 학생 할인도 있어요.

박상우　그런데요. 제가 한국 사람인데, 필요한 서류는 뭐예요?

점원　외국인등록증하고 통장하고 도장이요.

박상우　알겠어요. 그럼 모레 다시 올게요.

점원　네, 그럼 기다리고 있겠습니다.

Word Box

携帯けいたい 휴대전화
料金りょうきん 요금
〜とか 〜라든가
調しらべる 알아보다
希望きぼう 희망
ただいま 지금, 마침
キャンペーン 캠페인
期間中きかんちゅう 기간 중
値下ねさげ 가격 인하, 세일
新発売しんはつばい 신발매, 신제품
クイックquick 퀵
検索けんさく 검색
プランplan 요금제
当社とうしゃ 우리 회사
〜同士どうし 〜끼리
電話料でんわりょう 전화 요금
無料むりょう 무료
他社たしゃ 타사, 다른 회사
かける (전화를) 걸다
〜限かぎり 〜한, 〜이상
基本使用料きほんしようりょう 기본 사용료
だいたい 대체로
月々つきづき 다달이, 매달
〜によって 〜에 따라
違ちがう 다르다
もし 만약에
割引わりびき 할인
はんこ 도장

니혼고 VS 한국어

メール VS 문자 & 메일

일본에서는 휴대전화의 문자와 PC의 메일을 모두 **メール**(메일)라고 하기 때문에 일본 사람과 메일 주소를 주고받을 때는 반드시 그것이 휴대전화인지 PC인지를 확인해야 한다.

Point 1

명사 기본활용 + とか ~라든가, ~이라든가

동사 기본활용 + とか ~한다든가

형용사 기본활용 + とか ~한다든가

イギリス人(じん)とかフランス人(じん)とかヨーロッパの人(ひと)が多(おお)い。
영국 사람이라든가 프랑스 사람이라든가 유럽 사람이 많아요.

別(わか)れるとか別れないとかいつもけんかをしている。 헤어진다는 둥 헤어지지 않는다는 둥 언제나 싸워요.

いいとか悪(わる)いとかはっきりしてください。 좋다든가 나쁘다든가 확실히 해주세요.

好(す)きだとか嫌(きら)いだとか意見(いけん)を聞(き)かせてください。 좋아한다든가 싫어한다든가 의견을 들려 주세요.

:: ~とか는 사물을 나열할 때 사용할 수 있는 조사로 품사나 시제에 제한 없이 연결할 수 있다.

★ 작문해 봅시다

マスコミ 매스컴 | 関係かんけい 관계 | 残業ざんぎょう 잔업 | 給料きゅうりょう 월급 | 文句もんくばかり言いう 불평만 하다 | 中国ちゅうごく 중국 | インド 인도 | アジア 아시아 | 興味きょうみ 흥미 | 返事へんじ 답장, 답변 | 外国語がいこくご 외국어

1 텔레비전이라든가 라디오라든가 매스컴 관련된 일을 하고 싶어요.

2 잔업이 많다든가 월급이 적다든가 불평만 하지 마세요.

3 중국이라든가 인도라든가 아시아에 관심이 있다.

4 간다든가 안 간다든가 답을 주세요.

5 외국어를 잘하든 못하든 관계없어요.

Point 2

명사 + だけでも ~만으로도
동사 기본형 + だけでも ~(하)기 만해도, ~것만으로도

これだけでも十分(じゅうぶん)です。 이것만으로도 충분해요.

きくだけでもいいです。 물어보기만 해도 좋아요.

:: **~だけでも**는 조사 **~だけ**(~만, 뿐)하고 **~でも**(~라도, ~으로도)가 결합한 이중조사로 원래는 명사만 연결할 수 있다. 그래서 동사는 명사형으로 만들어 **~することだけでも**라고 해야 하지만 실제 회화에서는 **こと**를 생략하는 경우가 많다.

★ 작문해 봅시다

Keyword

幸(しあわ)せだ 행복하다 | 申(もう)し込(こ)む 신청하다 | プレゼント 선물 | 一回(いっかい)だけ 한 번만

1 보기만 해도 돼요?

2 같이 있는 것만으로도 행복해요.

3 노래는 듣기만 해도 공부가 돼요.

4 신청하기만 해도 선물이 있어요.

5 한 번만이라도 만나 주세요.

Point 3

수식 절 안의 조사 ~が → ~の

① 性格(せいかく)がいい人(ひと)が好(す)きです。 성격이 좋은 사람이 좋아요.

→性格のいい人が好きです。

② テレビが見(み)られる携帯(けいたい)です。 텔레비전을 볼 수 있는 휴대전화예요.

→テレビの見られる携帯です。

조사 「が」를 사용하는 표현

~が 가능형 ~을 할 수 있다

~が~たい ~을 ~(하)고 싶다

~がほしい ~을 원하다, 가지고 싶다

~が好(す)きだ / きらいだ ~을 좋아하다 / 싫어하다

~が上手(じょうず)だ / 下手(へた)だ ~을 잘하다 / 못하다

~が分(わ)かる / 分からない ~을 알다 / 모르다

:: 일본어는 문장에서 주어나 목적어를 확실히 하기 위해서 수식절 안에 있는 조사 が를 の로 바꿔서 표현하는 경우가 많다. 예문 ①과 같이 수식절의 조사 が를 の로 바꿈으로써 주어가 확실해지는 것을 느낄 수 있다. 또한 주격조사는 아니지만 예문 ②와 같이 우리말 '~을/를'의 의미로 사용되는 が도 수식절 안에서는 の로 바꿔 표현할 수 있다.

★ 작문해 봅시다

Keyword

やりがい 보람 | やる気き 의욕 | 体からだが不自由ふじゆうだ 몸이 불편하다 | 席せき 자리 | 意味いみ 의미 | 続つづける 계속하다 | 運うん 행운, 운 | 合格ごうかくする 합격하다 | 根拠こんきょ 근거

1 보람이 있는 일을 하고 싶어요.

2 의욕이 있는 사람이라면 좋아요.

3 일본어를 할 수 있는 사람은 없습니까?

4 몸이 불편한 사람들을 위한 자리입니다.

5 그 사람은 몇 시간이나 의미를 알 수 없는 이야기를 계속했다.

6 운이 좋은 사람은 한 번에 합격해요.

7 그것은 근거 없는 이야기예요.

8 일본 사람이 좋아하는 꽃은 벚꽃이에요.

9 돈이 필요한 사람은 공부보다 아르바이트를 해요.

10 요리를 잘하는 사람이 좋아요.

Point 4

동사 기본형 + かぎり ~하는 이상, ~하는 한

동사 부정형 + かぎり ~하지 않는 이상, ~하지 않는 한

生(い)きているかぎり、いつかまた会(あ)うでしょう。 살아 있는 한 언젠가 다시 만나겠지요.

タバコを辞(や)めないかぎり、治(なお)りません。 담배를 끊지 않는 한 낫지 않습니다.

∷ **限かぎり**는 원래 '한계, 한도, 끝'이라는 의미의 명사로 단독으로 사용되는 경우도 있지만, 동사의 기본형과 부정형에 연결하면 '~하는 한, ~하는 이상', '~하지 않는 한, ~하지 않는 이상'이라는 숙어가 된다.

★ 작문해 봅시다

やり方かた 하는 법 | 変かえる 바꾸다 | ぜったい 절대 | 勝かつ 이기다 | 諦あきらめる 포기하다 | 夢ゆめ 꿈 | 叶かなう 이루어지다 | 戦争せんそう 전쟁 | 続つづく 계속되다 | 悲劇ひげき 비극 | 謝あやまる 사과하다 | 仲直なかなおりする 화해하다

1 방법을 바꾸지 않는 한 절대로 이길 수 없어요.

2 내가 알고 있는 한 그 사람은 나쁜 사람이 아니에요.

3 포기하지 않는 한 꿈은 이루어질 거예요.

4 전쟁이 계속되는 한 비극은 계속될 거예요.

5 먼저 사과하지 않는 한 화해하고 싶지 않아요.

Point 5

명사 + によって ～마다, ～에 따라

国(くに)によって言葉(ことば)が違(ちが)う。 나라마다 말이 다르다.

結果(けっか)は努力(どりょく)によって変(かわ)る。 결과는 노력에 따라 변한다.

:: **～によって**는 동사 **因よる**(기인하다, 준하다, 따르다)의 연결형이 숙어로 굳은 형태로, 단독으로 쓰이는 경우도 있지만, **～によって違ちがう**와 같이 동사 **違う**(다르다)와 호응을 이루는 경우가 많다.

★ 작문해 봅시다

Keyword

もの 물건 | 値段ねだん 가격 | 自分じぶん 자신 | 考かんがえ方かた 생각 | 持もつ 가지다 | 角度かくど 각도 | 変かわる 달라지다, 바뀌다 | 見みえる 보이다 | ヘアスタイル 헤어스타일 | 雰囲気ふんいき 분위기

1 물건마다 가격이 달라요.

2 그때마다 달라요.

3 사람마다 자신의 생각을 가지고 있어요.

4 각도에 따라 달라 보여요.

5 헤어스타일에 따라 분위기가 바뀌어요.

Today's Note

★ 다음 단어를 이용해서 오늘의 경험을 정리해 봅시다.

つぎに 다음으로 | 大事だいじだ 소중하다 | 前まえに 전에 | 料金りょうきん 요금 | 機種きしゅ 기종 | いろいろ 여러 가지 | 調しらべる 알아보다 | 訪たずねる 방문하다, 찾다 | キャンペン中ちゅう 캠페인 중 | 値下ねさげをする 세일을 하다 | ネット 인터넷 | パソコン携帯けいたい 인터넷 휴대전화 | 新発売しんはつばい 신제품 | 目めに入はいる 눈에 들어오다 | 意外いがいと 의외로 | プラン 플랜 | 割引わりびき 할인 | 他社たしゃ 타사 | かける (전화를) 걸다 | 月々つきづき 다달이 | 店員てんいんさん 점원 | 感かんじ 느낌 | 契約けいやくする 계약을 하다

여자 친구 다음으로 소중한 것은 휴대전화라고 생각하고 있는 상우 씨. 오늘은 휴대전화를 사기 전에 요금이라든가 기종 등 여러 가지를 알아보고 싶어서 휴대전화 가게를 찾았다. 캠페인 중이라 세일을 하고 있는 것도 있었지만, 역시 텔레비전을 볼 수 있는 휴대전화라든가 인터넷을 할 수 있는 인터넷 휴대전화 등 새로 나온 휴대전화가 눈에 들어왔다. 요금은 휴대전화에 따라 다르지만, 의외로 여러 가지 요금제랑 할인이 있어서 타사 휴대전화에 전화하지 않는 한 매월 4천 엔 정도로 사용할 수 있다고 한다. 점원의 느낌도 좋고, 상우 씨는 모레 이 가게에서 휴대전화를 계약해야지 하고 생각했다.

휴대전화 관련 표현

機種 기종

電話帳 전화번호부

着信履歴 착신 기록

発信履歴 발신 기록

留守電 부재중

設定 설정

非通知 미통지(내 번호를 알려 주지 않은 곳에서 걸려 오는 전화)

待ち受け画面 대기화면

着メロ 착신 멜로디

バッテリー 배터리

メール 문자

デコメール 데코레이션 문자

絵文字 이모티콘

宛先 받는 이

メール作成 메일 작성

文字変換 문자 변환

受信 수신

送信 송신

国際ローミング 국제 로밍

電波が届かない 전파가 닿지 않다

途切れる 끊기다

再入国許可

재입국 허가

日本はビザがあっても自分の国に帰って戻る時には再入国許可が要る。夏休みに韓国に帰るつもり[1]のサンウさんは入国管理局に電話して必要な書類について[2]きいた。

職員　はい、東京入国管理局です。

パク・サンウ　もしもし、再入国許可をもらうのに[3]必要なものはなんですか。

職員　今、ビザは何ですか。

パク・サンウ　就学ビザです。

職員　いつ、国に帰るつもり[1]ですか。

パク・サンウ　来月の２０日に帰る予定です。

職員　でしたら、パスポートと外国人登録証と学校の許可書が要ります。後は申請書ですが、申請書はこちらで書いて提出してもいいですよ。

パク・サンウ　費用はどれぐらいかかりますか。

職員　印紙代ですが、シングルが3000円でマルチが6000円です。

パクサンウ　シングルとマルチの違い[4]は何ですか。

職員　ビザ期間内に何回も行き来する場合[5]はマルチで、一回だけの場合[5]がシングルです。

パク・サンウ　はい、分かりました。

일본은 비자가 있어도 자기 나라에 다녀올 때는 재입국 허가가 필요하다. 여름 방학에 한국에 다녀올 생각인 상우 씨는 입국관리국에 전화를 해서 필요한 서류에 대해서 물었다.

직원 네, 도쿄 입국관리국입니다.

박상우 여보세요. 재입국 허가를 받으려면 뭐가 필요하죠?

직원 지금 비자가 뭐예요.

박상우 취학 비자요.

직원 언제 나라에 돌아가실 생각인데요?

박상우 다음 달 20일에 다녀올 예정이에요.

직원 그러시면 여권하고 외국인등록증하고 학교 허가서가 필요해요. 나머지는 신청서인데 신청서는 여기서 써서 제출해도 돼요.

박상우 비용은 얼마나 드나요?

직원 인지대인데요, 싱글은 3천 엔이고 멀티는 6천 엔이에요.

박상우 싱글하고 멀티의 차이가 뭐예요?

직원 비자 기간 내에 여러 번 왕래하는 경우는 멀티이고, 한 번만 가는 경우는 싱글이에요.

박상우 네, 알겠습니다.

Word Box

再入国許可さいにゅうこくきょか 재입국 허가
ビザvisa 비자
国くに 나라, 고향
帰かえる 돌아오다, 돌아가다
戻もどる 되돌아오다, 되돌아가다
要いる 필요하다
入国管理局にゅうこくかんりきょく 출입국관리국
職員しょくいん 직원
書類しょるい 서류
〜について 〜에 대해, 〜에 관해
就学しゅうがくビザ 취학 비자
予定よてい 예정
申請書しんせいしょ 신청서
提出ていしゅつ 제출
費用ひよう 비용
印紙代いんしだい 인지대
シングルsingle 싱글
マルチmulti 멀티
違ちがい 차이, 다름
期間内きかんない 기간 내
何回なんかいも 몇 번이나
行いき来きする 왕래하다
場合ばあい 경우

니혼고 VS 한국어

もどる & 帰(かえ)る VS 돌아가다, 돌아오다

もどる와 **帰る** 모두 사전을 찾아보면 '돌아가다, 돌아오다'라고 쓰여 있어, 이 두 단어를 어떻게 써야 하나 고민스러울 때가 있다. 하지만 '돌아가다, 돌아오다'에 맞는 표현은 **もどる**이고 **帰る**는 '가다, 오다'에 해당하는 경우가 많다.

席(せき)にもどってください。 자리로 돌아가세요.

彼(かれ)はもう家(うち)に帰(かえ)りました。 그 사람은 벌써 집에 갔어요.

Point 1

동사 기본형 + **つもりだ** ~할 생각이다

동사 부정형 + **つもりだ** ~하지 않을 생각이다

売(う)るつもりだ。 팔 생각이다.

売らないつもりだ。 팔지 않을 생각이다.

つもりだ의 활용

~つもりだ ~할 생각이다

~つもりではない ~할 생각은 아니다[없다]

~つもりだった ~할 생각이었다

~つもりではなかった ~할 생각은 아니었다[없었다]

※ **~予定(よてい)だ** ~할 예정이다.

来年結婚(らいねんけっこん)するつもりだ。 내년에 결혼할 생각이다. (변경 가능)

2月14日に結婚(けっこん)する予定(よてい)だ。 2월 14일에 결혼할 예정이다. (확정)

:: **つもり**는 생각, 의도, 작정 등을 나타내는 명사로 동사 기본형에 연결하면 '~할 생각이다', 부정형에 연결하면 '~하지 않을 생각이다'라는 표현이 된다. 또 위와 같이 **~つもりだ** 자체의 활용 형태도 함께 알아 두면 편리하다. 또, 확정된 계획이나 일정 등에는 **~予定だ**를 쓴다는 것도 알아 두자.

★ 작문해 봅시다

Keyword

卒業そつぎょうする 졸업하다 | 就職しゅうしょくする 취업하다, 취직하다 | ぜったい 절대(로) | 辞やめる 그만두다 | 最初さいしょ 처음 | 騙だます 속이다 | 遅おくれる 늦다, 지각하다 | 逃にげる 도망치다 | 来月らいげつ 다음 달 | 引ひっ越こす 이사하다 | 正直しょうじき 솔직히 | 気きを悪わるくする 기분 나쁘게 하다

1 졸업하면 취업할 생각이에요.

2 자기 전에는 절대 먹지 않을 생각이에요.

3 회사를 그만둘 생각이에요?

4 처음부터 속일 생각은 아니었어요.

5 오늘은 빨리 갈 생각이었지만, 또 늦고 말았어요.

6 앞으로 어떻게 할 거예요?

7 도망칠 생각은 아니에요.

8 다음 달에 이사할 생각이에요.

9 전부 솔직히 이야기할 생각이었어요.

10 기분 나쁘게 할 생각은 아니었어요.

Point 2

명사 + について　~에 대해서, ~에 관해서 (내용)
に対(たい)して　~에 대해서 (대응해서)
に関(かん)して　~에 관해서 (관련해서)

この件(けん)についてどう思(おも)いますか。 이 건에 대해서 어떻게 생각하세요?

この件(けん)に対(たい)して返事(へんじ)をください。 이 건에 대해서 답변을 주세요.

この件(けん)に関(かん)して何(なん)のかかわりもないです。 이 건에 관해 아무런 관련도 없어요.

:: 일본어 **~について**, **~に対して**, **~に関して**는 모두 우리말로 '~에 대해서'가 되는 표현이다. 하지만 한자를 보면 알 수 있듯이 **~に対して**는 '~에 대응해서' **~に関して**는 '~에 관련해서' 즉 대응성과 관련성이라는 점에서 차이가 있다. 또 한자로 표기하지 않는 **~について**는 그 내용에 포인트를 두는 표현이다. 뉘앙스가 조금 어렵지만 일본에서는 이 세 표현을 구분하기 때문에 일본어능력시험 N2 이상에도 자주 출제되는 것이니 꼭 알아 두자.

★ 작문해 봅시다

理由りゆう 이유 | 抗癌剤こうがんざい 항암제 | 研究けんきゅうする 연구하다 | 野球やきゅう 야구 | ~対たい ~대 | 負まける 지다 | 目上めうえの人ひと 손윗사람 | 礼儀れいぎ 예의 | 輸出ゆしゅつ 수출 | 他ほか 다른 | 部署ぶしょ 부서 | 担当たんとうする 담당하다

1 그 이유에 대해서 묻고 싶어요.

2 항암제에 대해서 연구하고 있어요.

3 야구에서 미국에 (대해) 2대1로 졌어요.

4 손윗사람에 대한 예의가 아니에요.

5 수출에 대해서는 다른 부서가 담당하고 있어요.

Point 3

동사 기본형 + のに ~하는 데에, ~하는 것에

許可をもらうのに何が必要ですか。 허가를 받는 데 뭐가 필요해요?

旅行をするのに必要なのは何ですか。 여행을 하는 데 필요한 것은 뭐예요?

海外に行くのに必要なのは何ですか。 해외에 나가는 데 필요한 것은 뭐예요?

:: 동사 다음에 ~のに를 붙이면 '~하는 것에, ~하는 데 있어'라는 표현이 된다. かかる(돈이나 시간이 걸리다), 必要だ(필요하다) 등과 같이 쓰이는 경우가 많다.

★ 작문해 봅시다

Keyword

生活せいかつする 생활하다 | かかる 들다, 걸리다 | 送おくる 보내다 | 餃子ぎょうざ 만두 | 材料ざいりょう 재료 | マスターする 마스터하다 | 近道ちかみち 왕도, 지름길 | 解消かいしょうする 해소하다 | カラオケ 가라오케 | 一番いちばん 제일

1 한 달 생활하는 데 얼마 정도 들어요?

2 서울로 보내는 데 며칠 걸려요?

3 만두를 만드는 데 필요한 재료는 뭐예요?

4 언어를 마스터하는 데 왕도는 없어요.

5 스트레스를 푸는 데는 노래방이 최고예요.

～と～の違(ちが)い ～와 ～의 차이

Point 4

お寺(てら)と神社(じんじゃ)の違(ちが)いは何(なん)ですか。 절과 신사의 차이가 뭐예요?

愛(あい)と友情(ゆうじょう)の違いは何ですか。 사랑과 우정의 차이가 뭐예요?

バイオリンとビオラの違いは何ですか。 바이올린과 비올라의 차이가 뭐예요?

:: 동사 **違**ちが**う**(다르다)와 그 명사형 **違い**(다름, 차이)는 회화 중에 정말 많이 사용되는 단어다. 무언가 유사한 것, 비슷한 것의 차이점을 물을 때 사용해 보면 좋을 것이다.

★ 작문해 봅시다

批判ひはん 비판 | 非難ひなん 비난 | 敵てき 적 | ライバル 라이벌 | わざと 고의로 | わざわざ 일부러 | 着物きもの 기모노 | 浴衣ゆかた 유카타 | 優越感ゆうえつかん 우월감 | 劣等感れっとうかん 열등감 | 紙一重かみひとえ 종이 한 장

1 비판과 비난의 차이가 뭐예요?

2 적과 라이벌의 차이는 뭘까요?

3 '고의로'와 '일부러'의 차이는 뭐예요?

4 기모노와 유카타의 차이는 뭐예요?

5 우월감과 열등감의 차이는 종이 한 장 차이예요.

Point 5

～場合(ばあい) ～하는 경우, ～할 때 (각 품사의 기본 활용형에 연결)

동사 기본형 戻(もど)る場合 돌아가는 경우

부정형 戻らない場合 돌아가지 않는 경우

과거형 戻った場合 돌아간 경우

い형용사 기본형 熱(あつ)い場合 뜨거운 경우

부정형 熱くない場合 뜨겁지 않은 경우

과거형 熱かった場合 뜨거웠을 경우

な형용사 기본형 必要な場合 필요한 경우

부정형 必要ではない場合 필요하지 않을 경우

과거형 必要だった場合 필요했을 경우

명사 休みの場合 휴일인 경우

:: **場合**는 우리말에는 없는 한자어로, '장소, 상황'을 나타내는 **場**ば와 **合**あう(일치하다)의 명사형 **合い**(일치)가 연결된 것으로 '그 상황에 일치함' 즉 우리말 '경우'라는 뜻의 명사이다. 위와 같이 품사와 시제에 관계없이 연결할 수 있으나, な형용사와 명사의 경우는 **～な場合**, **～の場合**가 되는 것에 주의하자.

★ 작문해 봅시다

Keyword

正解せいかいする 정답을 맞히다 | さしあげる 드리다 | うまくいかない 잘 되지 않다 | 問といい合あわせる 문의하다 | ずっと 계속 | 痛いたい 아프다 | 病院びょういん 병원 | このような 이런 | どうする 어떻게 하다 | 選挙せんきょ 선거 | だいたい 대개 | 遅おくれる 늦다 | 前まえもって 미리 | 不明ふめいだ 불분명하다 | 郵便物ゆうびんぶつ 우편물 | 届とどく (우편물이) 도착하다 | 財布さいふ 지갑 | 警察けいさつ 경찰 | 届とどける 신고하다

1 정답을 맞혔을 경우는 100만 엔을 드립니다.

2 잘 되지 않을 때는 이쪽으로 문의하세요.

3 계속 아플 때는 병원에 가세요.

4 이런 경우는 어떻게 해요?

5 외국인의 경우는 선거를 할 수 없습니다.

6 대개의 경우는 대학에 가요.

7 늦을 경우는 미리 전화하세요.

8 시간이 없을 때는 메일도 괜찮아요.

9 주소가 불분명한 경우는 우편물이 도착하지 않아요.

10 지갑을 잃어버렸을 경우는 경찰에 신고하세요.

Today's Note

★ 다음 단어를 이용해서 오늘의 경험을 정리해 봅시다.

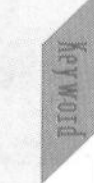

来月らいげつ 내년 | 予定よてい 예정 | 入国管理局にゅうこくかんりきょく 입국관리국 | 再入国許可さいにゅうこくきょか 재입국 허가 | 書類しょるい 서류 | 留学生りゅうがくせい 유학생 | 就学しゅうがくビザ 취학 비자 | 持もつ 가지다 | パスポート 여권 | 外国人がいこくじん登録証とうろくしょう 외국인등록증 | 許可書きょかしょ 허가서 | 申請書しんせいしょ 신청서 | 要いる 필요하다 | 費用ひよう 비용 | 印紙代いんしだい 인지대 | かかる 들다 | シングル 싱글 | マルチ 멀티 | 二種類ふたしゅるい 두 종류 | 期間中きかんちゅう 기간 중 | 何回なんかいも 몇 번이나

다음 달에 한국에 돌아갈 예정인 박상우 씨는 입국관리국에 전화를 해서 재입국 허가를 받는 데 필요한 서류에 대해서 물어봤다. 유학생으로 취학 비자를 가지고 있는 경우는 여권과 외국인등록증, 그리고 학교 허가서와 신청서가 필요하다. 그리고 비용은 인지대가 드는데, 인지는 싱글과 멀티 두 종류가 있다. 싱글과 멀티의 차이는 비자 기간 중에 몇 번이고 사용할 수 있는 것이 멀티고, 한 번만 사용할 수 있는 것이 싱글이다. 여러 번 다녀올 생각이라면 멀티로 하는 편이 좋다.

洋服屋で

옷 가게에서

女性のストレス解消法は何といってもショッピング。久しぶりに渋谷に出たミナちゃんはかわいい洋服屋を見つけた。

店員　どうぞ、ご覧ください。何かお探し物でもありますか。

イ・ミナ　ワンピースがほしい❶んですが。

店員　こちらは今日入ったばかりの❷商品なんですが、いかがですか。今年流行りの花柄のワンピースです。

イ・ミナ　女性らしくて❸デザインもかわいいんだけど、少し短くないかなあ。

店員　大丈夫ですよ。鏡に合わせてみてください。

イ・ミナ　試着してみてもいいですか❺。

店員　どうぞ、試着室はこちらです。何かあったら、お声をかけてください。

イ・ミナ　最近ダイエットしているのに❹おかしいなあ。せっかくいいもの見つけたのに❹。いや、日本の服が小さいのよ。すいません。ひとつ上のサイズもあるんですか。

店員　はい、少々お待ちください。

<試着後>

店員　おきれいですね。よくお似合いですよ。

イ・ミナ　じゃ、これにします。

店員　お決まりですか？ ありがとうございます。

イ・ミナ　やった。ひとつゲットした。明日からまた頑張ろう。

여자의 스트레스 해소법은 뭐니 뭐니 해도 쇼핑. 오랜만에 시부야에 나온 미나 씨는 예쁜 옷 가게를 발견했다.

점원 편안하게 둘러 보세요. 뭔가 찾으시는 물건이라도 있으세요?

이미나 원피스가 필요한데요.

점원 이쪽은 오늘 막 들어온 상품인데 어떠세요? 요즘 유행하는 꽃무늬 원피스예요.

이미나 여성스럽고 디자인도 예쁜데, 좀 짧지 않을까?

점원 괜찮아요. 거울에 대 보세요.

이미나 입어 봐도 돼요?

점원 그러세요. 탈의실은 이쪽이에요. 불편하신 점이 있으면 말씀하세요.

이미나 요즘 다이어트를 하는데 이상하네…. 모처럼 괜찮은 걸 발견했는데. 아냐, 일본 옷이 작은 거야. 저기요, 하나 더 큰 사이즈도 있나요?

점원 네, 잠시만 기다리세요.

〈입은 후〉

점원 예쁘세요. 잘 어울리시네요.

이미나 그럼, 이걸로 할게요.

점원 이걸로 하시겠어요? 감사합니다.

이미나 신난다. 하나 건졌다. 내일부터 다시 열심히 해야지.

Word Box

洋服ようふく 옷
〜屋や 〜가게
女性じょせい 여성, 여자
解消法かいしょうほう 해소법
何なんといっても 뭐니 뭐니 해도
久ひさしぶりに 오랜만에
見みつける 발견하다, 찾아내다
ご覧らんください 보세요
お探さがし物もの 찾으시는 것
〜がほしい 〜을 원하다
〜ばかり 막 〜하다
商品しょうひん 상품
いかがですか 어떠세요?
流行はやり 유행
花柄はながら 꽃무늬
鏡かがみ 거울
合あわせてみる 맞춰보다
試着しちゃくする 입어 보다
試着室しちゃくしつ 탈의실
声こえをかける 말을 걸다, 말하다
最近さいきん 최근, 요즘
おかしい 이상하다
せっかく 모처럼
似合にあう 어울리다
決きまる 결정되다, 정해지다
ゲットgetする 손에 넣다

니혼고 VS 한국어

試着(しちゃく)する VS 입어 보다

옷 가게에서는 '입어 보다'라고 할 때 **着きてみる**라는 표현보다 '시험 삼아 입어 본다'는 뜻의 **試着する**라는 표현을 쓰는 경우가 많다.

ぜひ、ご試着してみてください。 꼭 입어 보세요.

Point 1

명사 + が + ほしい ~이 필요하다, ~을 가지고 싶다

동사 + て + ほしい ~해 주길 원한다[바란다], ~해 주었으면 좋겠다

車(くるま)がほしい。 차를 가지고 싶다.

車を買(か)ってほしい。 차를 사 주었으면 좋겠다.

ほしい의 활용

~てほしい ~해 주길 바란다, ~해 주었으면 한다

~てほしくない ~하길 바라지 않는다, ~하지 않았으면 한다

~てほしかった ~해 주길 바랐다, ~해 주었으면 했다

~てほしくなかった ~하길 바라지 않았다, ~하지 않았으면 했다

~てほしくて ~해 주었으면 해서

~てほしかったら ~해 주길 바라면, ~해 주었으면 한다면

:: **~がほしい**는 우리말 '~을 원하다, 가지고 싶다, ~이 필요하다'에 해당하는 형용사이다. '~이 필요하다'를 일본어로 할 때는 문제가 되지 않지만, '~을 원하다, 가지고 싶다'의 경우는 '~을'에 해당하는 조사로 **を** 대신 **が**를 사용하므로 주의하자. 또 **ほしい**는 앞에 동사를 연결해서 **~てほしい**라고 하면 '~해 주길 바란다. ~해 주었으면 한다'는 표현이 된다. 그리고 **ほしい**는 형용사 활용을 하므로 그 활용 형태는 위와 같은데, 통째로 암기해 두면 빠르고 자연스런 회화를 하는데 도움이 될 것이다.

★ 작문해 봅시다

もの 것 | あげる 주다 | つき合あう 사귀다 | 正直しょうじきに 솔직히 | 言いう 말하다

Keyword

1 가지고 싶은 것이 없어요.

2 시간이 필요해요.

3 가지고 싶으면 줄게.

4 그 사람과는 사귀지 않았으면 좋겠어.

5 솔직히 말해 주길 바랐어요.

일본의 의류 사이즈

일본의 기성복 사이즈는 브랜드마다 조금씩 차이는 있지만, 우리나라처럼 S, M, L로 표시하는 방법과 7호, 9호, 11호로 표시하는 두 가지 방식이 있다. 그리고 보통 남자의 경우는 키를, 여자의 경우는 가슴둘레를 기준으로 사이즈를 나눈다.

남성복

	키	가슴둘레	허리둘레	한국 허리
S	165	90	78	30
M	175	95	82	32
L	185	98	86	34

여성복

일본(센티)				한국 허리(인치)	한국	S/M/L식
7号	B : 76	W : 58	H : 86	24, 25	44	S
9号	B : 83	W : 64	H : 91	26	55	M
11号	B : 86	W : 67	H : 93	27	66	L
13号	B : 89	W : 70	H : 95	28		
15号	B : 92	W : 73	H : 97	29		

Point 2

동사 과거형(~た)+ばかりだ 막 ~했다, ~한 지 얼마 안 됐다
동사 과거형(~た)+ばかりの 막 ~한, ~한 지 얼마 되지 않은

この魚(さかな)は釣(つ)ったばかりだ。 이 생선은 잡은 지 얼마 안 됐다.

釣(つ)ったばかりの魚(さかな) 막 잡은 생선, 잡은 지 얼마 안 되는 생선

:: **ばかり**는 동사의 과거형에 연결되어 그 동작이 끝난 지 얼마 안 됨을 나타낸다.

★ 작문해 봅시다

幸しあわせだ 행복하다 | 生うまれる 태어나다 | 赤あかちゃん 아가 | しわしわだ 주글주글하다 | 無なくす 잃다 | 一言ひとこと 한마디

1 저는 결혼한 지 얼마 안 돼서 무척 행복해요.

2 지금 집에 막 돌아왔어요.

3 막 태어난 아기는 얼굴이 주글주글해요.

4 산 지 얼마 안 되는 휴대전화를 잃어버렸다.

5 일본에 막 왔을 때는 일본어를 한마디도 못 했어요.

명사 + らしい ~답다

Point 3

男(おとこ)らしい 남자답다

男(おとこ)らしく 남자답게

男(おとこ)らしくない 남자답지 않다

男(おとこ)らしかった 남자다웠다

男(おとこ)らしくなかった 남자답지 않았다

:: ~らしい는 추측을 나타내기도 하며(p.175 참조) 명사에 연결하면 '~답다'라는 뜻이 된다. ~らしい도 위와 같이 い형용사 활용을 하니 이것도 활용어미를 통째로 외워 두자.

★ 작문해 봅시다

言いい訳わけをする 변명을 하다 | プロ 프로 | 勝負しょうぶする 승부하다 | 職人しょくにん 장인 | 技わざ 솜씨 | 振ふるまい 행동, 거동 | 女性じょせい 여성 | 最後さいご 마지막 | 判断はんだん 판단

1 변명을 하는 것은 프로답지 않아요.

2 남자답게 승부하자.

3 이것은 정말 장인다운 솜씨입니다.

4 그녀의 행동은 여성스럽고 예뻐요.

5 마지막 판단은 역시 그 사람다웠어.

Point 4

～のに ～하는데(도), ~인데(도) (각 품사의 기본 활용형에 연결)

동사 + のに

勉強(べんきょう)しているのに成績(せいせき)が上(あ)がらない。 공부하는데 성적이 오르지 않는다.

い형용사 + のに

頭(あたま)がいいのに勉強(べんきょう)しない。 머리가 좋은데 공부하지 않는다.

な형용사 だ → な + のに

会話(かいわ)は上手(じょうず)なのに漢字(かんじ)が書(か)けない。 회화는 잘하는데 한자를 못 쓴다.

명사 + なのに

外国人(がいこくじん)なのに日本語(にほんご)が上手(じょうず)だ。 외국인인데 일본어를 잘한다.

※ **せっかく ~のに(も)** 모처럼 ~하는데[~인데]

せっかく来(き)たのに誰(だれ)もいない。 모처럼 왔는데 아무도 없다.

せっかく買(か)ったのにサイズが合(あ)わない。 모처럼 샀는데 사이즈가 맞지 않아.

:: **～のに**(~한데, ~인데)는 **～のにもかかわらず**(~데도 불구하고)가 줄어든 표현으로 전후 대조적인 내용을 연결할 때 사용하는 조사이다. な형용사와 명사의 경우는 **～なのに**가 되는 것에 주의하고, 부사 **せっかく**(모처럼)과 같이 사용되는 경우가 많으니까 함께 알아 두면 좋다. 참고로 p.103의 **～のに**(~하는 데/~하는 것에)는 대명사 **の**에 조사 **に**가 연결된 것인데, 너무 문법적인 내용에 치우치지 말고, 그냥 **～のに**는 '~한데도'와 '~를 하는 데'라는 두 가지 의미를 갖는 것으로 외워 두는 것이 좋다.

★ 작문해 봅시다

Keyword

覚おぼえる 암기하다 | 忘わすれる 잊다 | 体からだ 몸 | 力ちから 힘 | 強つよい 세다 | 外見がいけん 외모 | 品ひんがない 품위가 없다 | 準備じゅんびする 준비하다 | 役やくに立たつ 도움이 되다 | どこへも 아무 데도 | けっこう 꽤 | 太ふとる 살이 찌다 | 告白こくはくする 고백하다 | せっかく 모처럼 | チャンス 찬스 | もったいない 아깝다 | 肌寒はだざむい 쌀쌀하다

1 외웠는데 벌써 잊어버렸다.

2 몸집은 작은데 힘이 세네요.

3 외모는 예쁜데 품위가 없어요.

4 모처럼 준비했는데 도움이 되지 않았습니다.

5 모처럼 휴일인데 아무 데도 안 가?

6 꽤 먹는데 살이 안 쪄요.

7 아는데 가르쳐 주지 않아요.

8 좋아하는데 왜 고백하지 않아요?

9 모처럼 좋은 기회인데 아까워요.

10 봄인데 아직 쌀쌀하네요.

Point 5

～て[で]もいいですか ～해도 됩니까?
～なくてもいいですか ～하지 않아도 됩니까?

食(た)べてもいいですか。 먹어도 돼요?

飲(の)んでもいいですか。 마셔도 돼요?

食べなくてもいいですか。 먹지 않아도 돼요?

飲まなくてもいいですか。 마시지 않아도 돼요?

:: 사소한 일이라도 상대방과 관련이 있는 경우, 일본 사람은 행동하기 전에 꼭 상대방에게 승낙이나 허락을 요청하기 때문에 **～て[で]もいいですか**는 일본 사람과 커뮤니케이션을 할 때 중요한 표현 중 하나다. 부정형을 연결한 **～なくてもいいですか**도 함께 알아 두자.

★ 작문해 봅시다

試着しちゃくする 옷을 입어 보다 | 片付かたづける 치우다 | 買かう 사다 | お弁当べんとう 도시락 | 持もってくる 가지고 오다 | ビールを頼たのむ 맥주를 시키다

1 입어 봐도 돼요.

2 치워도 돼요?

3 사지 않아도 돼요.

4 도시락은 안 가져와도 돼요?

5 맥주를 시켜도 돼요?

Today's Note

★ 다음 단어를 이용해서 오늘의 경험을 정리해 봅시다.

春用はるようの服ふく 봄옷 | 久ひさしぶりに 오랜만에 | 渋谷しぶや 시부야 | 出でる 나오다 | 偶然ぐうぜん 우연히 | 入はいる 들어가다 | ワンピース 원피스 | 見みつける 발견하다 | 入荷にゅうかする 입하하다, 상품이 들어오다 | 商品しょうひん 상품 | 今年ことし 올해 | 流行はやり 유행 | 花柄はながら 꽃무늬 | スカート 스커트 | 丈たけ 기장, 길이 | 気きになる 신경 쓰이다, 걱정되다 | 試着しちゃくする 입어 보다 | サイズ 사이즈 | 最近さいきん 최근, 요즘 | ダイエット 다이어트 | なぜか 왠지 | 前向まえむきだ 긍정적이다 | ゲットする 손에 넣다 | 気分きぶんがいい 기분이 좋다 | 何なんと言いっても 뭐니 뭐니 해도 | ストレス 스트레스 | 解消かいしょう 해소 | ショッピング 쇼핑 | 一番いちばん 제일

봄옷이 필요하다고 생각한 미나 씨는 오랜만에 시부야에 나왔다. 그리고 우연히 들어간 가게에서 예쁜 원피스를 발견했다. 막 들어온 상품으로 올해 유행하는 꽃무늬의 여성스러운 원피스였다. 미나 씨는 스커트 길이가 좀 걱정돼서 옷을 입어 봤다. 하지만, 문제는 길이가 아니라 사이즈였다. 최근 다이어트를 하고 있는데 왠지 사이즈가 작았다. 하지만 언제나 긍정적인 미나 씨는 일본 사이즈가 작다고 생각하고 하나 큰 사이즈의 원피스를 샀다. 마음에 드는 원피스를 손에 넣은 미나 씨는 아주 기분이 좋았다. 뭐니 뭐니 해도 역시 스트레스 해소에는 쇼핑이 최고다.

Situation 11

美容室で

미용실에서

店員　新井と申します。よろしくお願いします。今日はどうしましょうか。

イ・ミナ　少しカットをして、パーマをかけたいんですが。

店員　どれぐらい短くしますか。

イ・ミナ　これからずっと伸ばしたいので、量だけを減らしてください。

店員　カールはどういう風[1]にしましょうか。 少し強目[2]にしましょうか、それとも緩目[2]に？

イ・ミナ　ナチュラルな感じ[3]でお願いします。

店員　ついでに[4]トリートメントはいかがですか。

イ・ミナ　それはけっこうです。

＜終わってから＞

店員　いかがですか。このパーマはシャンプーした後、髪をこういう風に[1]内側に巻きながら乾かすだけでカールができるので、手入れも簡単ですよ。

イ・ミナ　はい、わかりました。お疲れ様でした。

店員　では、お会計はカットとパーマにシャンプー代を含めて8700円になります。

イ・ミナ　シャンプー代が別料金ですか。

店員　はい。うちはシャンプー代を別に500円いただいております。一週間以内に無料で直しますので、もし気になるところがありましたら、またお越しください。

점원 아라이라고 합니다. 잘 부탁 드려요. 오늘은 어떻게 할까요?

이미나 커트를 약간하고 파마를 하고 싶은데요.

점원 커트는 얼마나 짧게 할까요?

이미나 앞으로 계속 기르고 싶으니까 숱만 쳐 주세요.

점원 컬은 어떤 식으로 할까요? 조금 세게 할까요? 아니면 약하게 할까요?

이미나 내추럴한 느낌으로 부탁 드려요.

점원 하는 김에 트리트먼트는 어때요?

이미나 그건 됐어요.

〈끝나고 나서〉

점원 어떠세요? 이 파마는 샴푸하시고 나서, 머리를 이런 식으로 안쪽으로 말면서 말려 주기만 하면 컬이 생기니까 손질하기도 편해요.

이미나 네 알겠어요. 수고하셨어요.

점원 그럼 계산은 커트와 파마, 샴푸 요금을 포함해서 8700엔입니다.

이미나 샴푸 요금이 별도인가요?

점원 네. 저희는 샴푸 요금을 따로 500엔 받고 있어요.
1주일 이내에 무료로 손질해 드리니까 만약에 신경 쓰이는 부분이 있으시면 다시 나오세요.

Word Box

美容室びようしつ 미용실
パーマをかける 파마를 하다
伸のばす 늘리다, 길다
量りょう 양
減へらす (양을) 줄이다
カールcurl 컬
～風ふう ～풍, ～식
強つよめ 강한 듯함
それとも 아니면
緩ゆるめ 조금 느슨한 모양
ナチュラルだ 내추럴하다
感かんじ 느낌
ついでに 하는 김에
トリートメント 트리트먼트
けっこうだ 됐다, 필요 없다
シャンプー 샴푸
内側うちがわ 안쪽
巻まく 말다
乾かわかす 말리다
できる 생기다, 할 수 있다
手入ていれ 손질
簡単かんたんだ 간단하다
含ふくめる 포함하다
別料金べつりょうきん 별도 요금
直なおす 고치다, 다시하다
気きになる 신경이 쓰이다
お越こしください 오세요

니혼고 VS 한국어

～代だい VS ～대, ～비, ～세

지불해야 하는 돈이라는 뜻의 **～費**ひ(～비)나 **～料**りょう(～료)가 붙는 단어는 우리말이나 일본어의 차이가 거의 없지만, **～代**는 우리말로 하면 '～대, ～비, ～세' 등으로 해석되니 주의해야 한다.

印紙代いんしだい 인지대　ガス代だい 가스비　電気代でんきだい 전기세　学費がくひ 학비
食費しょくひ 식비　交通費こうつうひ 교통비　手数料てすうりょう 수수료　入場料にゅうじょうりょう 입장료

～風(ふう) ～풍, ～식, ～ 스타일

Point 1

和風(わふう) 일본풍, 일본식, 일본 스타일

こんな風(ふう)に 이런 식으로, 이런 스타일로

そんな風(ふう)に 그런 식으로, 그런 스타일로

あんな風(ふう)に 저런 식으로, 저런 스타일로

どんな風(ふう)に 어떤 식으로, 이떤 스타일로

:: 한자 **風**는 **かぜ**로 읽을 때는 '바람'이라는 뜻이지만, 다른 명사와 함께 **ふう**라고 읽을 때는 '~풍, ~식, ~ 스타일'이라는 뜻으로 어떤 방식이나 양식을 나타내는 표현이 된다.

★ 작문해 봅시다

神戸こうべ 고베 | 西洋せいよう 서양 | 建物たてもの 건물 | いっぱい 많이 | 若者わかもの 젊은이 | 似合にあう 어울리다 | 田舎いなか 시골 | 味あじ 맛 | 人気にんき 인기 | インテリア 인테리어

1 고베에는 서양식 건물이 많이 있어요.

2 이것은 이런 식으로 해 주세요.

3 젊은이 스타일 옷은 안 어울려요.

4 저 가게는 시골풍의 맛으로 아주 인기예요.

5 인테리어는 어떤 식으로 할까요?

Point 2

형용사(い 떼고) + 目(め) 좀 ~한 듯함

형용사(い 떼고) + 目の + 명사 좀 ~한 듯한 ~

형용사(い 떼고) + 目に 좀 ~한 듯하게

強(つよ)い 강하다 → 強目(つよめ) 좀 강한 듯함

強目のカール 좀 강한 듯한 컬

強目にパーマをかける。좀 강한 듯하게 파마를 하다.

※ ~目(め) ~째

日本旅行(にほんりょこう)は二回目(にかいめ)です。일본 여행은 두 번째입니다.

:: **目**는 물론 명사로 '눈'이라는 뜻이지만, 형용사 어간에 연결하면 '그 형용사의 성질이나 경향을 띄는'이라는 의미를 더해 우리말로는 '좀 ~한, ~한 듯한'이라는 뜻이 된다. 그리고 숫자와 함께 사용될 때는 순서를 나타내는 표현 '~째'가 된다.

★ 작문해 봅시다

服ふく 옷 | 夜よる 밤 | ボリューム 볼륨 | 温ぬるい 미지근하다 | お湯ゆ 목욕물, 더운물 | 半身浴はんしんよく 반신욕 | 楽たのしむ 즐기다 | 出発しゅっぱつする 출발하다 | 原宿はらじゅく 하라주쿠 | 2番目ばんめ 두 번째

1 아이 옷은 약간 큰 것을 사는 것이 좋아요.

2 밤에는 볼륨을 작게 하세요.

3 약간 미지근한 물에서 반신욕을 즐깁니다.

4 일찌감치 빨리 출발했어요.

5 하라주쿠는 여기에서 두 번째 역입니다.

Point 3

感(かん)じ 느낌

동사 + ような感じ

空(そら)を飛(と)ぶ(ような)感(かん)じ 하늘을 나는 (것 같은) 느낌

い형용사 + 感じ

軽(かる)い感(かん)じ 가벼운 느낌

な형용사 だ → な + 感じ

自然(しぜん)な感(かん)じ 자연스러운 느낌

명사 + の + ような感じ

ゼリーのような感(かん)じ 젤리 같은 느낌

:: 感じ(느낌)는 동사 感じる(느끼다)의 명사형으로 각각의 품사에 연결하면 위와 같은 표현을 만들 수 있다. 단 예와 같이 동사와 명사의 경우는 추측이나 비유를 나타내는 어미 ようだ와 같이 사용되는 경우가 많다.

★ 작문해 봅시다

お姫様ひめさま 공주님 | 渋しぶい 세련되고 깊이가 있다 | 男性だんせい 남자 | 変へんだ 이상하다 | 素材そざい 소재 | 革かわ 가죽

1 공주님이 된 것 같은 느낌이네요.

2 세련되고 깊이가 있는 느낌의 남자가 좋아요.

3 뭔가 이상한 느낌이 들었어요.

4 소재는 가죽 같은 느낌이에요.

5 어떤 느낌이었어요?

동사 기본형 + ついでに ~하는 김에

동사 과거형 + ついでに ~한 김에

Point 4

会(あ)うついでにこれを渡(わた)してください。 만나는 김에 이것을 전해 주세요.

会(あ)ったついでに一杯(いっぱい)しました。 만난 김에 한잔 했어요.

:: ついでに는 어떤 행동을 하는 기회를 이용해서 다른 행동을 같이 한다는 의미로, 우리말 '~ 김에'에 해당하는 표현이다. '~하는 김에'는 동사 기본형에, '~한 김에'는 과거형에 연결한다.

★ 작문해 봅시다

コンビニ 편의점 | 自分じぶん 자기, 나 | 弁当べんとう 도시락 | 近ちかく 근처 | 寄よる 들르다 | 後片付あとかたづけ 뒷정리

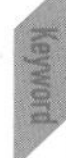

1 편의점에 가는 김에 담배도 사 오세요.

2 제 도시락을 만드는 김에 친구 도시락도 만들었어요.

3 옷을 산 김에 구두도 사 버렸어요.

4 근처까지 온 김에 들러 봤어요.

5 하는 김에 뒷정리까지 부탁해요.

Today's Note

★ 다음 단어를 이용해서 오늘의 경험을 정리해 봅시다.

Keyword

美容室びようしつ 미용실 | 初体験はつたいけんする 처음으로 경험하다 | 髪かみの毛け 머리카락 | 量りょうを減へらす 숱을 치다 | ナチュラルだ 내추럴하다 | パーマ 파마 | 終おわる 끝나다 | カール 컬 | 緩ゆるい 느슨하다, 약하다 | 簡単かんたんに 간단히 | 乾かわかす 말리다 | カールができる 컬이 생기다 | 急いそいでいる 급하다, 서두르다 | 手入ていれする 손질하다 | ただ 단, 단지 | シャンプー代だい 샴푸 요금 | 別べつに取とる 따로 받다, 별도로 받다 | けち臭くさい 인색하다 | 気きになる 신경 쓰이다 | ところ 부분 | 以内いない 이내 | 無料むりょう 무료 | 直なおす 고치다 | すごく 굉장히

오늘 미나 씨는 일본 미용실을 처음으로 경험했다. 미나 씨는 머리숱을 치고 내추럴 한 느낌의 파마를 부탁했다. 다 끝난 후의 파마는 일본풍으로 컬이 약간 약했지만, 간단히 말리기만 하면 컬이 생기는 것이 아주 좋았다. 아침에 서두를 때 손질하기 편할 것 같았다. 단, 샴푸 요금을 따로 받는 것은 조금 인색하다고 생각했다. 한국은 하는 김에 공짜로 해 주는데 하고 생각했다. 하지만, 신경 쓰이는 부분이 있으면 일주일 이내에는 공짜로 손질해 주는 것은 아주 좋다고 생각했다.

미용실 관련 용어

美容室(びようしつ) 미용실

美容師(びようし) 미용사

髪の毛(かみのけ) 머리카락

毛先(けさき) 머리카락 끝

癖毛(くせげ) 곱슬머리

茶髪(ちゃぱつ) 물들인 머리

前髪(まえがみ) 앞머리

後ろ髪(うしろがみ) 뒷머리

横髪(よこがみ) 옆머리

白髪(しらが) 흰머리

乾(かわ)かす 말리다

ドライヤーをかける 드라이하다

ブローする 드라이하다

伸(の)びる 자라다

伸(の)ばす 기르다

切(き)る 자르다

刈(か)り上(あ)げる 짧게 자르다

アップスタイル 업스타일

ダウンスタイル 머리를 내린 스타일

ウェーブヘア 웨이브 헤어

ストレートパーマ 스트레이트 파마

髪(かみ)の毛(け)が痛(いた)む 머릿결이 상하다

ダメージ 데미지, 머릿결 손상

巻(ま)く 말다

内巻(うちま)き 안쪽으로 말기

外巻(そとま)き 바깥쪽으로 말기

整(ととの)える 정리하다, 다듬다

染(そ)める 물들이다, 염색하다

カラーリング 컬러링, 염색

シャンプーする 샴푸하다, 머리를 감다

ネイルケア 손톱 손질, 네일 케어

Situation
12

居酒屋で

주점에서

店員　いらっしゃいませ。お客様、何名様ですか。

パク・サンウ　二人です。

店員　こちらへどうぞ。こちらはおしぼりとお通しになります。

パク・サンウ　あのう、すいません。この飲み放題[1]付きの[2]3000円コースにします。

店員　お客様、申し訳ありませんが、これは４名様以上となっております[3]。

パク・サンウ　じゃ、お勧めは何ですか。

店員　こちらは一人様3500円でおつまみだけではなく[4]軽い食事もできて大変お得ですが、いかがですか。

パク・サンウ　そうですか。これも飲み放題[1]付き[2]ですか。

店員　はい、付いています[2]。

パク・サンウ　じゃ、それにします。

店員　はい、かしこまりました。飲み放題[1]ご利用の時間は 2時間となっております[3]ので、ご了承ください。

＜レジで＞

店員　ありがとうございました。お会計は7750円になります。

パク・サンウ　えっ、ちょっと待ってください。これ、計算が合っていますか。

店員　後はお通しの値段ですね。お一人200円ずつです。

パク・サンウ　へえ、そうなんですか。

점원 어서 오세요. 손님, 몇 분이세요?

박상우 두 사람이요.

점원 이쪽으로 오세요. 이건 물수건 하고 기본 안주입니다.

박상우 저기요. 이 음료 뷔페 포함한 3000엔 코스로 할게요.

점원 손님 죄송한데요, 이것은 네 분 이상으로 정해져 있거든요.

박상우 그럼, 추천 메뉴는 뭐예요?

점원 이것은 한 분이 3500엔으로 안주뿐만 아니라 간단한 식사도 할 수 있어서 아주 저렴한데 어떠세요?

박상우 그래요? 이것도 음료 뷔페가 들어 있나요?

점원 네, 포함되어 있습니다.

박상우 그럼 그걸로 할게요.

점원 네, 알겠습니다. 그리고 음료 뷔페 이용 시간은 2시간으로 되어 있으니 미리 양해해 주세요.

〈계산대에서〉

점원 감사합니다. 금액은 7750엔 되겠습니다.

박상우 어, 잠깐만요. 이거 계산 맞나요?

점원 나머지는 기본 안주 가격이에요. 한 사람당 200엔씩이에요.

박상우 아~ 그래요.

Word Box

居酒屋いざかや 주점, 선술집
何名様なんめいさま 몇 분
おしぼり 물수건
お通とおし 기본 안주
〜放題ほうだい
〜하고 싶은 만큼 〜함
〜付っきの 〜가 붙은, 〜가 포함된
コース 코스
以上いじょう 이상
(お)勧すすめ 추천, 권유
おつまみ 안주
〜だけではなく 〜뿐만 아니라
軽かるい 가볍다
食事しょくじ 식사
大変たいへん 아주, 대단히
お得とくだ 이득이다, 아주 저렴하다
いかがですか 어떠십니까
かしこまりました 알겠습니다
*わかりました보다 정중한 표현
了承りょうしょう 양해, 승낙
レジ 레지스터의 일본식 표현, 계산대
(お)会計かいけい 셈을 치름, 계산
〜ずつ 〜씩

니혼고 VS 한국어

いらっしゃいませ & お帰かえりなさい VS 어서 오세요

우리말 '어서 오세요'는 일본어로 **いらっしゃいませ**라고 하는 것은 이미 알고 있을 것이다. 그럼 외출했던 아버지가 집에 돌아오셨을 때도 **いらっしゃいませ**라고 할 수 있을까? 물론 답은 X다. **いらっしゃいませ**는 집에서든 가게에서든 '손님'에게 사용하는 말이고 가족이 집에 돌아왔을 때는 **おかえりなさい**라고 해야 한다.

Point 1

동사 ます형 + (たい +) 放題(ほうだい) ~하고 싶은 만큼 마음대로 ~함

食(た)べます → 食(た)べたい → 食(た)べ(たい)放題(ほうだい)
먹습니다 → 먹고 싶다 → 먹고 싶은 만큼 마음대로 먹음, 뷔페

この店(みせ)はケーキ食(た)べ放題(ほうだい)です。 이 가게는 케이크 뷔페입니다. (케이크를 마음대로 먹을 수 있어요.)

∷ **放題**는 한자 放ほう(놓다, 놓아주다)와 題だい(내용, 주제)가 연결된 것으로 한자의 뜻을 풀이해 보면 '내용을 제한하지 않는다', 즉 '~하고 싶은 대로 ~함'이라는 뜻이 된 것이다. 문법적으로는 원래 앞에 동사 たい형(~고 싶다)이 와야 하는데, 실제 회화에서는 **たい**를 생략하는 경우가 많다. 마지막으로 **~放題**는 우리말 '~ 뷔페, ~ 프리, ~ 무제한' 등으로 해석할 수 있으나 해석이 안 되는 경우에는 예문과 같이 '마음대로 ~할 수 있다'라고 해석하면 된다.

★ 작문해 봅시다

Keyword

しゃぶしゃぶ 샤브샤브 | 夏休なつやすみ 여름 방학 | 遊あそぶ 놀다 | 基本料金きほんりょうきん 기본 요금 | メール 메일 | 使つかう 쓰다 | 映画えいが 영화

1 샤브샤브 뷔페에 가고 싶어요.

2 여름 방학에는 마음대로 놀았어요.

3 이 휴대전화는 기본 요금으로 문자 이용 무제한이에요.

4 말하고 싶은 대로 전부 말하세요.

5 여기는 영화를 무제한으로 보는 사이트예요.

Point 2

~付きの ~이 포함된

~が付いている ~이 들어 있다, ~이 포함되어 있다

飲み物つきのセットメニュー 음료가 포함된 세트 메뉴

飲み物が付いている。 음료가 포함되어 있다.

:: **付く**는 원래 '붙다'라는 의미의 동사인데, **~が付いている**라고 하면 '~가 붙어 있다'라는 의미에서 보다 포괄적으로 '~가 포함되어 있다'라는 의미가 된다. 그리고 이것의 명사형 표현 **~付きの**는 뒤에 다른 명사를 연결하면 '~가 포함된 ~'이라는 표현이 된다.

★ 작문해 봅시다

庭にわ 정원 | 一戸建いっこだて 단독 주택 | 料金りょうきん 요금 | 朝食代ちょうしょくだい 조식비 | 露天風呂ろてんぶろ 노천탕 | カルビ 갈비 | 骨ほね 뼈 | 付っいている 행운이 따른다, 운이 좋다

1 정원이 딸린 단독 주택에 살고 싶어요.

2 이 요금은 조식비가 포함되어 있어요.

3 이쪽은 노천탕이 딸린 방입니다.

4 갈비는 역시 뼈가 붙어 있는 갈비가 맛있어.

5 오늘은 정말 운이 좋다. (행운이 따른다.)

Point 3

～となっております ～입니다, ～로 정해져 있습니다

4名様(めいさま)以上(いじょう)となっております。 네 분 이상으로 정해져 있습니다.

開館時間(かいかんじかん)は、午前(ごぜん)9時(じ)から午後(ごご)5時までとなっております。
개관 시간은 오전 9시부터 오후 5시까지로 되어 있습니다.

:: **～となっております**는 **～となっています**보다 정중한 표현인데, 일본어 조사 **～と**에는 의미를 강조하는 기능이 있다. 보통 '~이 되다'라고 할 때 **～になる**라고 해도 되지만, 조사를 바꿔 **～となる**라고 하면 그 결과를 좀 더 강조하는 표현이 된다. 그래서 일본에서는 어떤 규정이나 방침, 사실을 강조할 때 **～となっています**라는 표현을 쓸 때가 많다.

★ 작문해 봅시다

Keyword

終日禁煙しゅうじつきんえん 종일 금연 | 関係者かんけいしゃ 관계자 | 出入でいり禁止きんし 출입 금지 | 大変たいへん 대단히 | お得とく 이득 | 金額きんがく 금액 | 税込ぜいこみ 세금 포함 | 車両しゃりょう 차량 | 女性専用じょせいせんよう 여성 전용

1 이곳은 하루 종일 금연입니다.

2 관계자 외 출입 금지입니다.

3 아주 이득입니다.

4 이 금액은 세금 포함입니다.

5 이 차량은 아침 6시부터 9시까지 여성 전용으로 되어 있습니다.

Point 4

동사 / い형용사 / 명사 + だけで(は)なく ~(할) 뿐만 아니라

歌うだけで(は)なく踊りも踊れる。 노래를 부를 뿐 아니라 춤도 출 수 있다.

歌がうまいだけで(は)なく踊りも上手だ。 노래를 잘할 뿐 아니라 춤도 잘 춘다.

歌だけで(は)なく踊りも上手だ。 노래뿐만 아니라 춤도 잘 춘다.

な형용사 (だ → な) + だけで(は)なく ~(할) 뿐만 아니라

歌が上手なだけで(は)なく踊りも上手だ。 노래를 잘할 뿐 아니라 춤도 잘 춘다.

:: '~만, ~뿐'에 해당하는 조사 **~だけ**를 이용한 표현 **~だけではなく**(~뿐만 아니라)는 하나의 사실을 강조하면서 다른 사실을 덧붙일 때 사용할 수 있는 좋은 표현이다. な형용사의 경우는 연결할 때 **だ**를 **な**로 바꾸고 연결하는 것에 주의하자.

★ 작문해 봅시다

漢字かんじ 한자 | お姉ねえさん 언니 | 妹いもうとさん 여동생 | 美人びじん 미인 | この辺へん 이 주변 | 交通こうつう 교통 | 便利べんりだ 편리하다 | 自然環境しぜんかんきょう 자연환경 | 写真しゃしんを取とる 사진을 찍다

1 한자뿐만 아니라 가타카나도 몰라요.

2 언니뿐만 아니라 여동생도 미인이에요.

3 그 여자는 예쁠 뿐만 아니라 머리도 좋아요.

4 이 주변은 교통이 편리할 뿐만 아니라 자연환경도 좋다.

5 이 휴대전화는 전화를 걸 뿐만 아니라 사진도 찍을 수 있어요.

Today's Note

★ 다음 단어를 이용해서 오늘의 경험을 정리해 봅시다.

試験しけん 시험 | 終おわる 끝나다 | 居酒屋いざかや 주점 | 飲のみ放題ほうだい 음료 뷔페 | コース 코스 | メニュー 메뉴 | しょうがない 어쩔 수 없다 | 店員てんいんさん 점원 | お勧すすめ 추천 | 予算よさん 예산 | 高たかくなる 비싸지다 | おつまみ 안주 | 食事しょくじ 식사 | お得とくだ 득이다, 저렴하다 | 時間制限じかんせいげん 시간 제한 | お通とおし 기본 안주 | 別べつに取とる 따로 받다 | やっぱり 역시 | ただ 공짜

시험이 끝난 후 상우 씨와 미나 씨는 일본 주점에 들어갔다. 음료 뷔페가 포함된 3000엔 코스로 하고 싶었지만, 그것은 4명 이상의 메뉴로 정해져 있었다. 어쩔 수 없어서 점원 추천 메뉴로 했다. 3500엔이라 예산보다는 좀 비싸졌지만, 음료 뷔페에 안주뿐 아니라 식사도 할 수 있어서 꽤 이득이었다. 하지만, 음료 뷔페에 시간 제한이 있다거나, 기본 안주의 가격을 따로 받는 것은 처음 알았다. 역시 일본에 공짜는 없다고 생각했다.

주점 관련 표현

- 日本酒(にほんしゅ) 일본 술
- お酒(さけ) 정종
- 冷(ひ)や 찬 술
- ビール 맥주
- 生(なま)ビール 생맥주
- サワー 사와(주스와 탄산을 소주랑 섞은 것)
- ウィスキー 위스키
- ソフトドリンク 소프트드링크
- 枝豆(えだまめ) 껍질 콩
- 焼(や)き物(もの) 구이 요리
- 揚(あ)げ物(もの) 튀김 요리
- 煮物(にもの) 조림
- 漬物(つけもの) 절임, 장아찌
- キープボトル 술병 키핑
- 焼酎(しょうちゅう) 소주
- 梅酒(うめしゅ) 매실 주
- 熱(あつ)かん 뜨거운 술
- びんビール 병맥주
- ジョッキ 500cc를 담는 컵
- ワイン 와인
- カクテル 칵테일
- おつまみ 안주
- 刺身(さしみ)盛(も)り合(あ)わせ 모둠 회
- 焼(や)き魚(ざかな) 생선구이
- 鳥(とり)のからあげ 닭고기 튀김
- 肉(にく)じゃが 고기 감자 조림
- お新香(しんこ) 야채 절임

Situation 13

バイトの広告

아르바이트 광고

スタッフ大募集

ドトリコーヒーショップ

あなたの微笑み❶と元気を生かしてみませんか

資格 年齢不問

学生、フリーター、パートさん大歓迎、未経験の方も安心

給与 6:30~11:00　時給 1000円

11:00~22:30　時給 900円

(本人の努力次第で❷時間給アップ)

時間 6:30~22:30の間で1日 4時間以上

土日祝日のみの出勤も可

勤務時間はあなたの都合❸を優先します。

待遇 交通費全額支給、制服貸与、食事補助有り❶

応募 電話連絡の上❹写真添付の履歴書を持参し❺、お気軽にご来店ください。

(☎　03-222-5555　担当／渡辺)

사원 대모집
도토리 커피숍

당신의 미소와 활력을 살려 보시지 않겠습니까?

자격　연령 제한 없음
　　　학생, 프리 아르바이터, 파트타이머 대환영, 경험이 없는 분도 환영

급여　6:30~11:00　시급 1000엔
　　　11:00~22:30　시급 900엔
　　　(본인 노력 여하에 따라 시급 인상)

시간　6:30~22:30 사이에 하루 4시간 이상,
　　　주말, 공휴일만 출근도 가능
　　　근무 시간은 당신의 편의를 먼저 생각하겠습니다.

대우　교통비 전액 지급, 유니폼 대여, 식사 보조 있음

응모　전화 연락 후 사진을 첨부한 이력서를 가지고 부담 없이 가게를 찾아 주세요.
　　　(☎ 03-222-5555 담당 / 와타나베)

Word Box

バイト 아르바이트 *アルバイト의 준말
スタッフstaff 사원, 직원, 스태프
微笑ほほえみ 미소
元気げんき 활력
生いかす 살리다
フリーター 프리 아르바이터 (아르바이트로 생활하는 사람)
パートさん 파트타이머, 시간제 근무자
未経験みけいけん 미경험, 경험이 없음
時給じきゅう 시급
～次第しだい ～에 따라
アップup 올림, 인상
祝日しゅくじつ 공휴일, 국경일
～のみ ～만 *～だけ의 문어체
都合つごう 상황, 사정
待遇たいぐう 대우
全額支給ぜんがくしきゅう 전액 지급
制服貸与せいふくたいよ 유니폼 대여
食事補助しょくじほじょ 식사 보조
応募おうぼ 응모
写真添付しゃしんてんぷ 사진 첨부
履歴書りれきしょ 이력서
持参じさんする 지참하다
お気軽きがるに 마음 편하게
担当たんとう 담당

니혼고 VS 한국어

週休二日制(しゅうきゅうふつかせい) VS 주 5일 근무

우리나라도 이미 '주 5일 근무제'가 정착되었지만, 일본은 일반 정규직인 경우 거의 '주 5일 근무제'인데, 이것을 일본어로는 **週休二日制**(주휴 2일제)라고 한다. 우리말을 그대로 **週五日勤務**しゅういつかきんむ라고 해도 의미는 통하겠지만, 정식 표현은 **週休二日制**이다.

Point 1

ます형 ~함, ~하기 (동사의 명사형)

やす
休む → 休みます → 休み
쉬다 쉽니다 쉼, 휴가, 휴일, 휴식

うご
動く → 動きます → 動き
움직이다 움직입니다 움직임

:: 우리말에서 동사를 명사로 바꿀 때 동사의 어간에 명사형 어미 '~기'나 '~ㅁ/음'를 연결하듯이, 일본어에서는 동사의 'ます형'이 명사가 된다. 알아 두면 하나의 단어로 동사와 명사를 동시에 익힐 수 있어서 좋다.

★ 작문해 봅시다

動うごく 움직이다 | 誘さそう 권하다, 꼬시다 | 弱よわい 약하다 | 決きまる 정하다 | 終おわる 끝나다 | 考かんがえる 생각하다 | 間違まちがう 틀리다, 잘못하다

1 움직임이 좋다.

2 꼬임에 약해요.

3 규정이니까 어쩔 수 없어요.

4 오늘로 끝입니다.

5 제 생각으로는 이것은 잘못이라고 생각해요.

Point 2

명사 + 次第だ ~에 달려 있다, ~에 의해 정해진다

명사 + 次第で ~에 따라, ~에 의해

동사 ます형 + 次第 ~하는 대로

何でも努力次第だ。 무엇이든 노력에 달려 있다.

努力次第で結果は変わる。 노력에 따라 결과가 달라진다.

分かり次第、連絡します。 알게 되는 대로 연락하겠습니다.

:: **次第**는 '순서, 경과'를 나타내는 단어로 '명사 + **次第だ**'라고 하면 '그 명사에 달려 있다, 그 명사에 의해 결정된다'라는 표현이 된다. 아울러 '명사 + **次第で**'는 '~에 따라, ~에 의해'라는 뜻이 된다. 하지만 동사를 연결하면 '그 동작을 하는 대로, 즉시'라는 뜻이 되는데, 이때 동사는 ます형으로 연결한다.

★ 작문해 봅시다

遠足えんそく 소풍 | 天気てんき 날씨 | 考かんがえ方かた 사고 방식, 생각하는 방법 | 幸しあわせになる 행복해지다 | 着つく 도착하다 | 電話でんわする 전화하다 | 見みつける 발견하다 | 報告ほうこくする 보고하다

1 소풍을 갈지 안 갈지는 날씨에 달려 있어요.

2 생각하는 방법에 따라 행복해질 수 있어요.

3 할지 안 할지는 당신에게 달려 있어요.

4 일본에 도착하는 대로 전화할게요.

5 발견하는 대로 보고하세요.

Point 3

都合(つごう) 형편, 사정, 지장, 조건

船(ふね)の都合で一日(いちにちおく)遅れた。 배의 사정으로 하루 늦어졌다.

家(いえ)の都合で大学(だいがく)に行(い)けませんでした。 집안 사정으로 대학에 갈 수 없었어요.

お客様(きゃくさま)のご都合による返品(へんぴん)と交換(こうかん)は出来(でき)ません。 손님 사정에 의한 반품과 교환은 할 수 없어요.

一身上(いっしんじょう)の都合により退社(たいしゃ)します。 일신상의 사정으로 퇴사를 하겠습니다. (퇴직 사유서의 문구)

:: **都合**는 '무엇인가를 하려고 할 때 그것에 영향을 주는 요소'라는 뜻으로 우리말로는 '형편, 사정, 상황' 등으로 해석하지만, 사실 정확히 옮기기 어려운 일본어 중 하나다. 하지만 잘 활용할 수 있게 된다면 그만큼 자연스런 일본어를 구사할 수 있을 것이다.

★ 작문해 봅시다

Keyword

逆(ぎゃく)に 반대로 | 怪(あや)しい 의심스럽다 | いかがですか 어떠세요? | 自分(じぶん) 자기 | 優先(ゆうせん)する 우선하다 | 日(ひ) 날

1 지금은 상황이 나쁘니까 나중에 이야기합시다.

2 조건이 좋은 이야기는 반대로 수상하다.

3 내일은 상황이 어떠세요?

4 그는 언제나 자기 편의를 먼저 생각해요.

5 선생님 시간(상황)이 괜찮은 날을 가르쳐 주세요.

Point 4

명사 + の + 上(うえ) ~ 위에, ~ 후에
동사 과거형 + 上(うえ)で ~한 후에

ご確認(かくにん)の上(うえ)サインしてください。확인 후에 사인하세요.

確認した上でサインしてください。확인한 후에 사인하세요.

確認した後(あと)でサインしてください。확인한 후에 사인하세요.

:: **~た上で**는 **~た後で**와 같이 '~한 후에'라는 뜻이다. **~た後で**는 회화적이면서 단순히 전후 행동의 순서를 나타내는 반면, **~た上で**는 문어적이고, 의미상으로도 앞의 행동에 더해서 '그 위에 ~하다'라는 첨가의 의미가 있다.

★ 작문해 봅시다

ご両親りょうしん 부모님 | 相談そうだん 상의 | ご乗車じょうしゃ 승차 | 訂正ていせい 정정 | 話はなし合あう 의논하다 | 決きめる 정하다 | 出だす 꺼내다, 내리다 | 結論けつろん 결론

1 부모님하고 상의 후에 연락 주세요.

2 승차 후에 기다려 주세요.

3 정정 후에 돌려주세요.

4 두 분이 의논하신 후에 결정하세요.

5 잘 생각한 후에 내린 결론이에요.

ます형 ~하여, ~해서, ~하고 (중지법)

Point 5

ともに学(まな)び、働(はたら)く仲間(なかま)たちです。 같이 배우고 일하는 동료들이에요.

息子(むすこ)を装(よそお)い、電話(でんわ)をするそうです。 아들을 가장해 전화를 한대요.

友(とも)だちに会(あ)い、映画(えいが)をみて、食事(しょくじ)をした。 친구를 만나 영화를 보고, 식사를 했다.

番号(ばんごう)を入力(にゅうりょく)し、確認(かくにん)ボタンを押(お)してください。 번호를 입력하고 확인 버튼을 누르세요.

:: ます형은 정말 여러모로 쓰임새가 많은 활용형이다. 정중한 표현을 만들 뿐 아니라 명사형이 되기도 하고, 위와 같이 동사를 ます형으로 만들어 연결하면 우리말 '~하여'처럼 앞의 문장을 끝내지 않고 뒤로 연결하는 연결형이 되기도 한다. 이것을 문법 용어로 중지법이라고 하는데, て형에 비해 문어적인 표현이다. 회화에서는 많이 쓰지 않지만 독해를 위해서는 꼭 알아 두어야 하는 표현이다.

★ 작문해 봅시다

Keyword

紹介しょうかい 소개 | 知し り合あう 알다 | 先月せんげつ 지난달 | 生うまれる 태어나다 | 家族かぞく 가족 | 事実じじつ 사실 | 驚おどろく 놀라다 | 運動うんどうする 운동하다 | 準備じゅんびする 준비하다 | 去年きょねん 작년 | 退職たいしょく 퇴직

1 친구 소개로 알게 되어 결혼했어요.

2 지난달에 아이가 태어나 세 식구가 됐어요.

3 그 사실을 알고 놀랐습니다.

4 아침 6시에 일어나 운동을 하고, 식사를 준비합니다.

5 작년에 퇴직해서 집에서 놀고 있어요.

Today's Note

★ 다음 단어를 이용해서 오늘의 경험을 정리해 봅시다.

そろそろ 슬슬 | バイト 아르바이트 | 始はじめる 시작하다 | 寄よる 들르다 | コーヒーショップ 커피숍 | スタッフ 스태프, 직원, 사원 | 募集ぼしゅう 모집 | 広告こうこく 광고 | 見みつける 발견하다 | 間あいだ 사이 | 1日いちにち 하루 | 以上いじょう 이상 | 働はたらく 일하다 | 条件じょうけん 조건 | 時給じきゅう 시급 | 努力どりょく 노력 | アップ 올림, 올리다 | 出勤しゅっきん 출근 | 可能かのう 가능 | 交通費こうつうひ 교통비 | 食事補助しょくじほじょ 식비 보조 | 都合つごうのいい 조건이 좋다 | とりあえず 일단 | 写真しゃしん 사진 | 履歴書りれきしょ 이력서 | 準備じゅんびする 준비하다

슬슬 아르바이트를 시작하려고 생각하고 있었던 미나 씨는 학교에서 돌아오던 길에 들른 커피숍에서 사원 모집 광고를 발견했다. 아침 6시 반부터 10시 사이에 하루 4시간 이상 일하는 조건으로 시급 900엔에서 1000엔이었다. 그리고 노력에 따라 시급 인상도 있고, 주말만 근무도 가능하고 게다가 교통비랑 식사비 보조도 있다. 학교에서도 가깝고 미나 씨에게는 아주 조건이 좋은 아르바이트다. 미나 씨는 일단 사진과 이력서를 준비해 전화를 해 봐야겠다고 생각했다.

Situation

14 バイト探し

아르바이트 찾기

アルバイト先を探したら[1]、働いてみたい店が3軒あった。最初の店は外国人は採用しないと言った。

＜2軒目の店＞

イ・ミナ　もしもし、アルバイト募集の広告を見て、電話したんですが。

店員　すいません。うちのバイトはもう決まりました。申し訳ありませんが、次回にお願いします。

＜３軒目の店＞

イ・ミナ　次はどうなんだろう。最後だけど。

店員　はい、ドトリコーヒー大久保店です。

イ・ミナ　もしもし、アルバイト募集の広告を見て電話しましたが、担当の方いらっしゃいますか。

店員　少々お待ちください。店長、お電話です。

店長　お電話変りました。店長の渡辺です。

イ・ミナ　私は韓国人のイ・ミナと申しますが、外国人でも[2]大丈夫ですか。

店長　もちろん、大丈夫ですよ。とりあえず面接にきて[3]ください。

イ・ミナ　いつがよろしい[5]ですか？私は明日でもいいですが。

店長　じゃ、明日３時に店まで来てもらえますか[4]。

イ・ミナ　はい、分かりました。では、明日３時にうかがいます[5]。失礼します。(やった！)

아르바이트 자리를 알아봤더니 일해 보고 싶은 가게가 세 곳 있었다. 첫 번째 가게는 외국인은 채용하지 않는다고 했다.

〈두 번째 가게〉

이미나　여보세요? 아르바이트 모집 광고를 보고 전화했는데요.

점원　미안해요, 저희 알바는 이미 정해졌습니다. 죄송하지만, 다음 기회에 연락 주세요.

〈세 번째 가게〉

이미나　다음은 어떨까? 마지막인데.

점원　네, 도토리커피 오쿠보점입니다.

이미나　여보세요, 아르바이트 모집 광고를 보고 전화했는데요, 담당자 계십니까?

점원　잠깐만 기다리세요. 점장님, 전화 받으세요.

점장　전화 바꿨습니다. 점장 와타나베입니다.

이미나　저는 한국 사람 이미나라고 하는데요, 외국인이라도 괜찮나요?

점장　물론 괜찮아요. 일단 면접을 보러 오세요.

이미나　언제가 괜찮으세요? 전 내일이라도 괜찮은데요.

점장　그럼 내일 3시에 가게로 와 줄 수 있어요?

이미나　네, 알겠습니다. 그럼 내일 3시에 찾아뵙겠습니다. 안녕히 계세요. (앗싸 !)

Word Box

～先さき ～하는 곳
働はたらく 일하다
店みせ 가게
～軒けん ～채, ～집 (집을 세는 단위)
最初さいしょ 처음
採用さいよう 채용
もしもし 여보세요
もう 이미, 벌써
決きまる 정해지다
次回じかいに 다음 기회에
最後さいご 마지막
いらっしゃる 계시다
*いる(있다)의 존경어
店長てんちょう 점장
お電話でんわ変かわりました
전화 바꿨습니다 *変かえる(바꾸다)가 아니라 変かわる(바뀌다)를 사용한다
とりあえず 일단
面接めんせつ 면접
よろしい 좋다 *いい의 공손한 표현
うかがう 찾아뵙다
*訪たずねる의 겸양어
失礼しつれいします
실례하겠습니다
やった 신난다

니혼고 VS 한국어

失礼しつれいします VS 실례하겠습니다

失礼します는 '실례하겠습니다' 이외에도 다음과 같은 표현이 되니까 같이 알아 두자.

失礼します。 계세요, 들어가세요. (전화를 끊을 때)

お先さきに失礼します。 먼저 가겠습니다. (먼저 돌아갈 때)

Point 1

~たら ~(했)더니 (과거 회상)

(동사의 과거형 + ら)

やってみたらおもしろかったです。 해 봤더니 재미있었어요. (발견)

※ やってみたらどうですか。 해 보면 어때요? (가정)

:: **~たら**는 '~하면, ~이라면'이라는 가정형 어미(p.42 참고)가 될 뿐 아니라 '~했더니'라는 어떤 '과거 회상'을 나타내는 어미가 되기도 한다. 그래서 '과거 회상'의 **~たら**는 뒤에 과거의 표현이 온다.

★ 작문해 봅시다

起おきる 일어나다 | お願ねがいする 부탁하다 | 聞きく 듣다 | 出でる 전화를 받다 | 気きが付つく 정신이 들다 | 病院びょういん 병원

1 아침에 일어났더니 9시였습니다.

2 부탁을 했더니 들어 주었습니다.

3 얘기해 봤더니 좋은 사람이었어요.

4 전화를 했더니 어머니가 받았습니다.

5 정신을 차려 보니 병원이었어요.

Point 2

～でも ～라도, ～나, ～든

私(わたし)でもいいですか。 저라도 괜찮습니까?

お茶(ちゃ)でも一杯(いっぱい)しませんか。 차나 마실까요?

誰(だれ)でも出来(でき)ます。 누구든 할 수 있어요.

※ 呼(よ)んでも返事(へんじ)がない。 불러도 대답이 없다.

:: ～でも는 '~라도, ~이나, ~든지'라는 뜻의 선택을 나타내는 조사이다. 하지만 동사와 같이 사용하면 마지막 예와 같이 '~해도' 라는 표현을 만들 수도 있다.

★ 작문해 봅시다

Keyword

お酒さけ 술 | 遊あそぶ 놀다 | テレビ 텔레비전 | ドライブ 드라이브

1 술이라도 한잔 어때요?

2 언제든 놀러 오세요.

3 텔레비전이나 봐야지.

4 드라이브라도 할까요?

5 뭐든 괜찮아요?

Point 3

명사 + に行(い)く/来(く)る ~ 하러 가다 / 오다
동사 ます형 + に行く/来る ~ 하러 가다 / 오다

面接(めんせつ)に行く / 来る 면접에 가다/오다

面接をしに行く / 来る 면접하러 가다/오다

遊(あそ)びに行く / 来る 놀러 가다/오다

:: **~に行く/来る**는 우리말 '~하러 가다/오다'에 해당하는 표현으로 조사 **~に** 앞에 오는 목적어는 명사 또는 동사의 **ます**형이 된다.

★ 작문해 봅시다

取材しゅざい 취재 | 買かい物もの 쇼핑 | 直接ちょくせつ 직접 | 取とる 가지다, 취하다 | 一杯いっぱい 한잔 | 習ならう 배우다 | 留学生りゅうがくせい 유학생

1 취재하러 왔습니다.

2 쇼핑하러 갔다 올게요.

3 직접 가지러 오세요.

4 오늘 저녁에 한잔 마시러 가지 않을래요?

5 일본어를 배우러 온 유학생이 많아요.

～てもらえますか(=～てくれますか) ～해 주실 수 있습니까?

Point 4

私(わたし)が韓国語(かんこくご)を教(おし)えますから、(あなたは) 日本語(にほんご)を教(おし)えてくれますか。
제가 한국어를 가르쳐 줄 테니까, (당신은) 일본어를 가르쳐 줄래요?

私(わたし)が韓国語(かんこくご)を教(おし)えますから、日本語(にほんご)を教(おし)えてえてもらえますか。
제가 한국어를 가르쳐 줄 테니까, 일본어를 가르쳐 받을 수 있나요?

:: **～てもらえますか**는 직역하면 '~해 받을 수 있습니까?'라는 뜻으로 우리말에는 없는 표현이다. 하지만 일본에서는 **～てくれますか**와 바꿔 쓸 수 있는 표현으로 일상 회화에서 많이 사용되고 있다. 우선 문법적으로 우리말은 첫 번째 예문에서 보는 것과 같이 한 문장 속에 여러 개의 주어와 동사가 있고, 상황에 따라 주어를 생략하는 경우도 많은데, 일본어는 이런 경우, 전체 주어에 동사를 맞추는 경향이 있기 때문에, 두 번째 예문과 같이 **あなた**를 생략하면 문장의 전체 주어는 **わたし**가 되고, 나는 가르침을 받는 입장이 되므로 **～てもらう**를 사용하는 것이다. 그리고 이것을 가능 표현 **～てもらえますか**로 하면 좀 더 부드러운 표현이 되는 것이다.
～てくれる가 상대방에게 어떤 행동을 직접 요구하는 느낌이라면 **～てもらう**는 자신의 요구를 상대방에게 어필해서 상대방이 스스로 움직여 주기를 기대하는 간접적인 표현이라고 할 수 있다.

★ 작문해 봅시다

Keyword

退(ど)く 비키다 | 替(か)える 바꾸다 | ファックス 팩스 | 電話(でんわ)を代(か)わる 전화를 바꾸다 | 送(おく)る 보내다 | 担当者(たんとうしゃ) 담당자 | 呼(よ)ぶ 부르다

1 조금만 비켜 주실래요?

2 죄송한데, 이것을 바꿔 주실 수 있나요?

3 팩스로 보내 주시겠어요?

4 전화 좀 바꿔 주실 수 있나요?

5 담당자를 불러 주실 수 있나요?

Point 5

よろしい 좋다 & うかがう 찾아뵙다, 여쭙다

どちらがよろしいでしょうか。 어느 쪽이 더 좋으세요?

有料(ゆうりょう)ですが、よろしいでしょうか。 유료인데 괜찮으시겠습니까?

明日(あした)の午前中(ごぜんちゅう)にうかがってもよろしいですか。 내일 오전 중에 찾아뵈어도 될까요?

:: **うかがう**는 **訪問する**(방문하다)와 **きく・尋(たず)ねる**(질문하다)의 겸양어로 우리말 '찾아뵙다, 여쭙다'에 해당하는 표현이다. 하지만 **よろしい**는 **いい**나 **大丈夫**와 구별할 수 있는 적절한 해석은 없지만 격식을 차려야 할 상황에서 사용하는 정중한 표현이니 꼭 알아 두자.

★ 작문해 봅시다

Keyword

都合つごう 시간적인 상황, 형편 | 使つかう 사용하다 | ご注文ちゅうもん 주문 | 以上いじょう 이상

1 시간은 언제가 좋으세요?

2 괜찮으시면 쓰세요.

3 하나 여쭤 보고 싶은 것이 있는데요.

4 주문은 이것으로 괜찮으세요?

5 다시 찾아뵈어도 될까요?

Today's Note

★ 다음 단어를 이용해서 오늘의 경험을 정리해 봅시다.

アルバイト 아르바이트 | 募集ぼしゅう 모집 | 広告こうこく 광고 | 探さがす 찾다, 조사하다 | 働はたらく 일하다 | 店みせ 가게 | 3軒けん 세 곳 | 順番じゅんばん 순서 | 最初さいしょ 최초, 처음 | 外国人がいこくじん 외국인 | 採用さいようする 채용하다 | 決きまる 정해지다 | 最後さいご 마지막 | コーヒーショップ 커피숍 | 幸さいわい 다행히 | さっそく 당장 | 次つぎの日ひ 다음 날 | 面接めんせつ 면접 | 雇やとう 채용하다 | 一生懸命いっしょうけんめいに頑張るがんばる 열심히 하다

미나 씨는 여러 가지 아르바이트 모집 광고를 찾아봤더니 일해 보고 싶은 가게가 세 곳 정도 있었다. 순서대로 전화를 해 봤더니 첫 번째 가게는 외국인을 채용해 줄 수 없고, 두 번째 가게는 이미 채용이 결정되어 있었다. 그래서 마지막이라고 생각하고 전화한 커피숍은 다행히 아직 모집을 하고 있었다. 외국인이라도 괜찮다고 했다. 당장 다음 날 면접에 가기로 됐다. 채용해 준다면 미나 씨는 열심히 할 생각이다.

Situation 15

バイトの面接

아르바이트 면접

イ・ミナ　初めまして。イです。よろしくお願いします。

店長　こちらこそ、よろしく。日本に来てから[1]どれぐらいになりますか。

イ・ミナ　来月でちょうど1年になります。

店長　ビザは大丈夫ですか。資格外活動許可証は？

イ・ミナ　はい。持っています。

店長　以前、コーヒーショップで働いた経験はありますか[2]。

イ・ミナ　韓国では働いたことがあります[2]が、日本では初めてです。

店長　大変かも知れません[3]が、大丈夫ですか。

イ・ミナ　大丈夫です。頑張ります。

店長　元気があっていいですね。
うち、時給や待遇は広告どおりですが[4]、一週間に何日働けますか。

イ・ミナ　できれば、木曜日と金曜日の午後6時から10時まで働きたいんですが。

店長　土・日は？

イ・ミナ　わがまま[5]を言って申し訳ありませんが、週末はちょっと。

店長　わかりました。じゃ、来週から来てください。

イ・ミナ　ありがとうございます。頑張ります。よろしくお願いします。

이미나　처음 뵙겠습니다. 이미나입니다. 잘 부탁드리겠습니다.

점장　저야말로 잘 부탁해요. 일본에 온 지 얼마나 됐어요?

이미나　다음 달에 딱 1년이 돼요.

점장　비자는 괜찮나요? 자격 외 활동 허가서는?

이미나　가지고 있어요.

점장　이전에 커피숍에서 일한 경험이 있나요?

이미나　한국에서는 일한 적이 있지만, 일본에서는 처음이에요.

점장　힘들지도 모르는데, 괜찮겠어요?

이미나　괜찮아요. 열심히 하겠습니다.

점장　활기가 있어서 좋네요. 우리 가게 시급이랑 대우는 광고대로인데, 1주일에 며칠 일할 수 있어요?

이미나　가능하면 목요일하고 금요일 오후 6시부터 10시까지 일하고 싶은데요.

점장　주말은요?

이미나　너무 제 입장만 말씀드려서 죄송한데요. 주말은 좀 ….

점장　알았어요. 그럼 다음 주부터 오세요.

이미나　감사합니다. 열심히 하겠습니다. 잘 부탁 드려요.

Word Box

~こそ ~야말로
来月らいげつ 다음 달
ちょうど 꼭, 딱, 마침
資格外活動許可証しかくがいかつどうきょかしょう 자격 외 활동 허가서
以前いぜん 이전, 예전
経験けいけん 경험
大変たいへんだ 힘들다
~かも知しれない ~지도 모른다
頑張がんばる 열심히 하다
元気げんき 기력, 활발함, 건강함
時給じきゅう 시급
待遇たいぐう 대우
広告こうこく 광고
~どおり ~대로
できれば 가능하면
わがままを言いう 억지를 부리다, 이기적으로 굴다

니혼고 VS 한국어

頑張(がんば)ります VS 열심히 하겠습니다

頑張る에는 '열심히 하다'라는 뜻 외에도 '견디다, 버티다, 노력하다, 이겨내다'라는 의미가 있다는 것을 모르는 사람이 많은 것 같다. **頑張る**는 한자를 직역하면 '단단히 버티다'라는 뜻으로, 원래 '어려움을 견뎌내다'라는 뜻이다.

頑張れ！もう少(すこ)し頑張ればできる。 힘내! 좀 더 노력하면 할 수 있어.

最後(さいご)までよく頑張りましたね。 끝까지 잘 견뎠군요.

Point 1

～てから ～(하)고 나서, ～(한) 지

食事(しょくじ)をしてから、お茶(ちゃ)を飲(の)みました。 식사를 하고 나서 차를 마셨어요.

宿題(しゅくだい)をしてから、遊(あそ)びなさい。 숙제를 하고 나서 놀아라.

日本(にほん)に来(き)てから、1年(ねん)になります。 일본에 온 지 1년이 돼요.

:: '~하고 나서'는 일본어로 **～てから**라는 것을 알고 있으면서도 '~한 지'라고 하면 선뜻 대답을 못하는 경우가 있다. 우리말은 단순히 순서를 나타내는 '~하고 나서'와 완료를 나타내는 '~한 지'를 구분하지만 일본어는 양쪽 모두 **～てから**를 사용한다.

★ 작문해 봅시다

結婚けっこん 결혼 | 入社にゅうしゃ 입사 | 父ちち (자기) 아버지 | なくなる 돌아가시다 | 半年はんとし 반년 | 過すぎる 지나다 | 連絡れんらく 연락 | 途絶とだえる 두절되다 | けっこう 꽤 | 長ながい 오래되다 | 授業じゅぎょう 수업 | 終おわる 끝나다

1 결혼한 지 얼마나 돼요?

2 입사한 지 벌써 1년이 돼요.

3 아버지가 돌아가시고 나서 반년이 지났어요.

4 연락이 두절된 지 꽤 오래돼요.

5 수업이 끝나고 나서 뭘 할 생각이에요?

Point 2

～た経験(けいけん)がある/ない ～한 경험이 있다 / 없다

～たことがある/ない ～한 적이 있다 / 없다

デパートで働(はたら)いた経験(けいけん)がある。 백화점에서 일한 경험이 있다.

デパートで働いたことがない。 백화점에서 일한 적이 없다.

:: 우리말도 '~한 경험이 있다/없다', '~한 일이 있다/없다'가 가능한 것처럼 일본어도 **経験**(경험)이라는 단어를 직접 넣거나 대명사 **こと**를 이용하는 두 가지 표현이 있다. 단 경험은 과거의 사실이므로 앞에 오는 동사는 언제나 과거형이어야 한다.

★ 작문해 봅시다

道みちに迷まよう 길을 잃다 | 外国がいこく 외국 | 財布さいふ 지갑 | 無なくす 잃어버리다 | バカにされる 무시당하다 | 約束やくそくを破やぶる 약속을 어기다

1 일본에서 길을 잃은 경험이 있어요.

2 외국에서 지갑을 잃어버린 적이 있어요?

3 친구에게 무시당한 경험이 있어요?

4 간 적이 없어서 가 보고 싶어요.

5 한 번도 약속을 어긴 적이 없어요.

Point 3

~かも知(し)れない ~할지도 모른다 (각 품사의 기본 활용형에 연결)

동사 기본형 くれるかも知(し)れない。 줄지도 몰라.
부정형 くれないかも知れない。 안 줄지도 몰라.
과거형 くれたかも知れない。 주었을지도 몰라.

い형용사 기본형 高(たか)いかも知れない。 비쌀지도 몰라.
부정형 高くないかも知れない。 비싸지 않을지도 몰라.
과거형 高かったかも知れない。 비쌌을지도 몰라.

な형용사 기본형 好(す)きかも知れない。 좋아할지도 몰라.
부정형 好きではないかも知れない。 안 좋아할지도 몰라.
과거형 好きだったかも知れない。 좋아했을지도 몰라.

명사 プレゼントかも知れない。 선물일지도 몰라.

:: 우리나라 사람은 '~할지도 모른다'를 일본어로 **~かも知(し)らない**(모른다)이라고 하기 쉬운데, 정확한 표현은 **~かも知れない**(알 수 없다 → 모른다)가 된다. 우리는 '이름은 모른다'와 '어떻게 될지 모른다(알 수 없다)'와 같이 일반적인 부정과 가능성에 대한 부정을 모두 '모른다'를 사용하기 때문에 **~かも知らない**(모른다)라고 잘못 생각하기 쉽다. 하지만 '~할지도 모른다'는 다시 말해서 '~할지 알 수 없다' 즉 단정할 수는 없지만 가능성은 있다는 뜻이므로 **知る**의 가능형 동사 **知れる**를 사용해야 한다. 그래서 '~할지도 모른다'는 **~かも知れない**가 되는 것이다. 다른 품사와 연결할 때는 な형용사만 **だ**를 떼는 것에 주의하자.

★ 작문해 봅시다

気きに入いる 마음에 들다 | 受うけ取とる 받다 | 寒さむい 춥다 | ジャケット 재킷 | 持もつ 가지다 | 大変たいへんだ 힘들다 | 勘違かんちがい 착각

Keyword

1 마음에 안 들지 모르지만 받아 주세요.

2 말했을지도 모르고, 말 안 했을지도 몰라요.

3 추울지 모르니까 재킷을 가지고 가세요.

4 힘들지도 모르지만 열심히 합시다.

5 제 착각인지 모르지만 우리 어디선가 만난 적 없어요?

니뽄 라이프

면접 시 주의 사항

면접 시간

일본에서 시간 엄수는 상식이다. 그래서 면접 시간에 늦는 것은 말할 것도 없고, 면접 시간보다 너무 일찍 가는 것 또한 시간 개념이 정확하지 않은 인상을 주기 때문에 그리 좋지는 않다. 보통 약속 시간 10분 전쯤 도착할 수 있게 맞춰 가는 것이 가장 좋다. 만일 갑자기 사정이 생겨 늦었을 때 우리는 미안한 마음에 그 사유를 장황하게 설명하는 경우가 많은데, 일본 사람은 그것을 단지 변명으로만 듣기 때문에 그냥 간단히 遅おそくなってすみません이라고 하고 면접에 임하는 것이 현명한 대처법이다.

복장

업종에 따라 정장을 해야 하는 경우도 있겠지만, 너무 튀지 않게 단정한 차림으로 가면 된다. 진한 화장이나, 향수 등의 사용은 피하는 것이 좋다.

이력서

일본에서도 큰 회사들은 인터넷으로 이력서를 받는 경우도 있지만, 대부분은 이력서를 자필로 작성해서 봉투에 넣어 가져간다.

자격 외 활동 허가서

유학생 비자나 취학 비자를 갖고 있는 경우 '자격 외 활동 허가서'라는 것이 있어야 합법적인 아르바이트를 할 수 있는데, 보통 신청하면 2주일 정도는 걸리기 때문에 면접 전에 미리 준비해 두는 것이 좋다.

면접 취소

면접을 취소하고 싶을 때는 면접을 보지 않게 됐다고 해서 그냥 무시할 것이 아니라 미리 전화로 면접 취소를 통보하는 것이 상식이다. 어차피 일하지 않을 텐데, 서로 얼굴도 모르는데 라고 생각할 수 있지만, 이런 행동은 한국 사람 전체에 대한 이미지를 떨어뜨리고 나아가 자신의 취업 기회를 좁히는 결과로 이어진다는 것을 잊지 말자.

Point 4

～とおり/どおり ～ 대로

동사 기본형 思(おも)うとおり 생각하는 대로

과거형 思ったとおり 생각한 대로

명사 想像(そうぞう)どおり 상상대로

想像のとおり 상상대로

:: **とおり**는 명사로 '길, 도로(通り)'라는 뜻이 있지만 위와 같이 동사나 명사와 연결하면 '~와 같은 상태나 방법'이라는 뜻이 된다. 주의해야 할 것은, 다른 명사와 연결할 때 그대로 연결하는 방법과 조사 **の**를 넣어 주는 방법이 있는데, 그냥 연결할 때는 탁음 현상이 일어나 **どおり**가 된다는 것에 주의하자.

★ 작문해 봅시다

おっしゃる 말씀하시다 | 準備じゅんびする 준비하다 | 聞きく 듣다 | 地図ちず 지도 | 駅えきに着つく 역에 도착하다 | レシピ 레시피

1 말씀하시는 대로입니다.(지당하신 말씀입니다.)

2 말씀하신 대로 준비했습니다.

3 들은 대로 이야기해 주세요.

4 지도대로 가면 역에 도착해요.

5 레시피대로 만들어 봤어요.

Point 5

わがまま(だ) 제멋대로다, 이기적이다, 방자하다

わがままな人(ひと) 이기적인 사람

わがままを言(い)う 자기 입장만 말하다

:: **わがまま**는 우리말로 해석하기 어려운 단어 중의 하나로 '제멋대로 행동함, 이기적임'이라는 뜻으로, 명사 형태로도 쓰이고 な형용사 형태로도 쓰인다. 또 **わがままを言う**라고 하면 '억지를 부리다'라는 표현이 되니까 같이 알아 두자.

★ 작문해 봅시다

Keyword

主人しゅじん 남편 | 一人ひとりっ子こ 외둥이 | 馴染なじみの店みせ 단골집 | 通とおす 통과시키다, 받아들이다

1 우리 남편은 아주 이기적이에요.

2 억지를 부려서 미안해요.

3 외둥이는 제멋대로인 아이가 많다.

4 여기는 단골집이라 제 억지를 들어줘요.

5 우리 집에서는 그런 억지는 통하지 않아! (용납하지 않아!)

Today's Note

★ 다음 단어를 이용해서 오늘의 경험을 정리해 봅시다.

Keyword

ラッキーだ 운이 좋다 | 面接めんせつを受うける 면접을 보다 | すんなり 수월하게 | 採用さいよう 채용 | 決きまる 결정되다 | 緊張きんちょうする 긴장하다 | 店長てんちょう 점장 | 想像そうぞう 상상 | やさしい 자상하다 | すぐ 곧, 금방 | 気きが楽らくになる 마음이 편해지다 | ビザ 비자 | 資格外活動許可証しかくがいかつどうきょかしょう 자격 외 활동 허가서 | 確認かくにんする 확인하다 | 正直しょうじきに 솔직하게 | わがままも聞きく 개인적인 사정을 듣다 | 厳きびしい 엄하다 | 初印象はついんしょう 첫인상

오늘은 아주 운이 좋은 하루였다. 미나 씨가 아르바이트 면접을 봤는데 채용이 쉽게 결정된 것이다. 처음에는 조금 긴장을 했지만, 점장님이 상상대로 자상한 사람이었기 때문에 금방 마음이 편해졌다. 점장님은 비자랑 자격 외 활동 허가서 같은 것을 확인하고 나서 아르바이트를 한 경험이 있는지 물었다. 그리고 주말에도 일할 수 있냐고 말했지만, 미나 씨는 솔직히 목요일하고 금요일밖에 일할 수 없다고 말했다. 자상한 점장님은 미나 씨의 개인적인 사정(이기적인 사정)도 들어주었다. 일을 할 때는 엄할지 모르지만, 첫인상은 아주 좋은 사람이었다.

면접 볼 때 필요한 표현

バイトの面接で来た者ですが。 아르바이트 면접 보러 온 사람인데요.

何でここで働こうと思ったんですか。 왜 여기에서 일하려고 생각했어요?

何でうちの店を選んだんですか。 왜 우리 가게를 선택했나요?

前はどんな仕事をしていましたか。 전에는 어떤 일을 했어요?

週に何日入れますか。 일주일에 며칠 일할 수 있어요?

一日、何時間働けますか。 하루에 몇 시간 일할 수 있어요?

いつから出られますか。 언제부터 나올 수 있어요?

今、どこに住んでいますか。 지금 어디에 살아요?

店までどれくらいかかりますか。 가게까지 얼마나 걸려요?

契約書です。 계약서입니다.

こちらにサインしていただけますか。 여기에 사인해 주세요.

採用、不採用は、後日連絡します。 채용, 불채용은 나중에 연락하겠습니다.

合格、不合格は、後日連絡します。 합격, 불합격은 나중에 연락하겠습니다.

給料は２０日締めで５日払いです。 월급날은 20일 기준으로 5일에 지불해요.
(예를 들어 2월21–3월20일까지 일한 것을 다음 달 5일에 지불한다는 뜻)

銀行口座を教えてください。 은행 계좌를 알려 주세요.

一つお聞きしてもよろしいですか。 하나만, 여쭤 봐도 돼요?

交通費も出ますか。 교통비는 나오나요?

今日はお忙しいところ、ありがとうございました。 오늘은 바쁘신데, 감사했습니다.

Situation 16

失敗

실수

飲み物をテーブルの上に置こうとしていたところ❶、横を通りすぎた客がぶつかって、コーヒーがこぼれてしまった。

イ・ミナ　申し訳ございません。お洋服大丈夫ですか？ 今すぐ新しい物をお持ちします。（厨房に行って）すいません。もう一杯、お願いします。

コーヒーを入れ直し❷たら、お客さんも納得してくれたし、ミナちゃんも、さっきのことは気にせずに❸仕事を続けた。そしてバイトが終わって帰ろうとしたところ❶だった。）

イ・ミナ　お疲れ様でした。では、お先に失礼します。

店長　あ、ミナちゃん、帰る前にさ、木村さんにひとこと謝ったらどう❹？

イ・ミナ　え？ 何をですか。

店長　さっきはさ、仕事中だったから言わなかったけど、ミナちゃんのミスで厨房の木村さんはアイスコーヒーを作り直した❷じゃない❺。

イ・ミナ　ああ、そうですね。気がつきませんでした。何にも言わずに❸帰るところでした。

店長　これからも仲間同士でお互いに世話になるからさ、迷惑をかけたと思ったら、帰る前にひとこと謝ろうね。

イ・ミナ　分かりました。教えてくださって、ありがとうございました。

음료를 테이블 위에 놓으려고 하던 참에 옆을 지나던 손님이 부딪혀서 커피가 넘쳐 버렸다.

이미나　죄송합니다. 옷 괜찮으세요. 지금 곧 새로운 걸 가져다 드릴게요.

(주방에 가서) 죄송해요. 한 잔 더 부탁 드려요.

커피를 다시 냈더니 손님도 납득해 주었고, 미나 씨도 아까 일은 신경 쓰지 않고 일을 계속했다. 그리고 아르바이트가 끝나 돌아가려는 참이었다.

이미나　수고하셨습니다. 그럼 먼저 가겠습니다.

점장　아, 미나 씨 집에 가기 전에 말야, 기무라 씨에게 한마디 사과하는 게 어때?

이미나　네? 뭘요?

점장　아까는 업무 중이라서 말하지 않았지만, 미나 씨 실수로 주방에 있는 기무라 씨가 아이스 커피를 다시 만들었잖아.

이미나　아하, 그렇네요. 생각이 미치지 못했어요. 아무 말도 않고 돌아갈 뻔했네요.

점장　앞으로도 동료끼리 서로 신세 질 일도 있을 테니까 말이야. 폐를 끼쳤을 때는 퇴근하기 전에 한마디 사과하도록 하자.

이미나　알겠습니다. 가르쳐 주셔서 감사해요.

Word Box

失敗しっぱい 실수
～ところ ～참에 (상황)
横よこ 옆
通とおる 지나다, 통과하다
ぶつかる 부딪히다
こぼれる 넘치다, 흐르다
厨房ちゅうぼう 주방
コーヒーをいれる 커피를 타다
～直なおす 다시 ～하다
納得なっとくする 납득하다
さっき 아까
気きにしない 신경 쓰지 않다
続つづける 계속하다
(お)先さきに 먼저
失礼しつれいする 실례하다
～さ ～말야, ～있잖아(주로 도쿄 사람이 많이 사용)
ミス 미스(mistake), 실수
ひとこと 한 마디
謝あやまる 사과하다
気きが付つく 생각이 미치다
仲間なかま 동료
～同士どうし ～끼리
お互たがいに 서로
世話せわになる 신세를 지다
迷惑めいわくをかける 폐를 끼치다

니혼고 VS 한국어

失敗(しっぱい) VS 실수, 실패

일본어 **失敗**는 '실수, 실패'의 의미가 있다. 우리는 무엇인가를 잘못했을 때 그것이 작으면 실수, 크면 실패로 구분을 하지만, 일본은 모두 **失敗**라고 한다. 비슷한 표현으로 **間違まちがえる**(잘못하다, 틀리다)의 명사형 **間違え**(잘못, 틀림)도 같이 알아 두면 좋다.

Point 1

～ところ ～하려는데, ～하려는 참

동사 기본형 これから食(た)べるところ 지금부터 밥을 먹으려는데, 먹으려는 참에

진행형 今(いま)食(た)べているところ 지금 밥을 먹고 있는데, 먹고 있는 참에

과거형 ぜんぶ食(た)べたところ 다 먹었을 때, 먹었을 즈음에

※ 住(す)むところがない。 살 곳이 없다. やさしいところが好(す)きだ。 자상한 점이 좋다.

:: **ところ**는 원래 '곳, 장소, 부분'이라는 뜻의 명사인데, 이것이 좀 더 추상적인 의미로 확대되어 어떤 동작이 행해지는 장면이나 상황을 나타내기도 한다. 그리고 보기와 같이 미래, 현재, 과거의 상황을 표현할 수 있는데, 이때 일본어 동사에는 따로 미래형이 없으므로 그냥 기본형이 미래형이 된다는 것도 같이 기억해 두자.

★ 작문해 봅시다

Keyword

鳴(な)る 울리다 | うっかり 깜빡 | 忘(わす)れる 잊다 | 山本(やまもと)さん 야마모토 씨

1 집을 나오려는데 전화가 울렸습니다.

2 이대로 기다리고 있을 상황이 아니에요.

3 말하지 않았으면 깜빡 잊어버릴 뻔했어요.

4 수업이 끝났을 즈음 야마모토 씨가 왔다.

5 맛있는 곳을 아는데, 같이 가지 않을래요?

Point 2

동사 ます형 + 直(なお)す 다시 ~하다, 고쳐 ~하다

やる → やります → やり直す
하다 합니다 다시 하다

書(か)く → 書きます → 書き直す
쓰다 씁니다 다시 쓰다

作(つく)る → 作ります → 作り直す
만들다 만듭니다 다시 만들다

:: **~直す**는 '~을 고치다'라는 뜻의 동사인데, 다른 동사에 연결하면 '고쳐 ~하다', '다시 ~하다'라는 표현이 된다. 그리고 참고로 '단순히 같은 행동을 반복한다'는 의미에서의 '다시 ~하다'라고 말할 때는 부사 **また**(또, 다시)를 붙여 말하면 된다.

★ 작문해 봅시다

Keyword

最初さいしょ 처음 | やる 하다 | 考かんがえる 생각하다 | 作品さくひん 작품

1 처음부터 다시 하세요.

2 다시 생각하는 편이 좋아요.

3 이번 일로 그 사람을 다시 봤어요.

4 제가 (전화를) 다시 걸겠습니다.

5 몇 번이나 다시 만들어서 완성한 작품이에요.

동사 부정형 + ずに ~지 않고, ~지 말고

Point 3

休(やす)まないで働(はたら)きましょう。 쉬지 말고 일합시다.

休(やす)まずに働(はたら)きましょう。

※~しないで → せずに

誤解(ごかい)しないで聞(き)いてください。 오해하지 말고 들으세요.

誤解(ごかい)せずに聞(き)いてください。

:: 우리말 '~지 않고, ~지 말고'를 일본어로 할 때는 부정형 어미 **~ない**를 **~で**에 연결하여 **~ないで**라고 하면 되는데, 이 **~ないで**의 문어체가 **~ずに**이다. 표현을 만들 때는 동사의 부정형 활용을 그대로 이용하여 **~ないで** 대신 **~ずに**를 연결하면 된다. **~ずに**는 문어적인 표현이긴 하지만, 회화 중에도 부정의 표현을 강조하고 싶을 때 많이 사용되므로 꼭 알아 두자. 그리고 특히 **する**의 부정형 **しないで**는 **しずに**가 아니라 **せずに**가 되는 것에 주의하자.

★ 작문해 봅시다

何なんにも 아무것도 | 知しる 알다 | わざわざ 일부러 | そんなに 그렇게 | もめる 옥신각신하다 | 解決かいけつする 해결하다 | いられる 있을 수 있다 | かまう 상관하다 | 進すすめる 진행하다 | ちゅうちょする 주저하다 | 質問しつもんする 질문하다

1 아무것도 모르고 왔어요.

2 그다지 옥신각신 안 하고 일을 해결했어요.

3 아무 말도 하지 않고는 있을 수 없어.

4 상관 말고 진행하세요.

5 주저하지 말고 질문하세요.

Point 4

동사 과거형 + ～たらどうですか ～하는 게 어때요?

동사 과거형 + ～たらどう ～하는 게 어때?

少(すこ)し休(やす)んだらどうですか。 좀 쉬는 게 어때요?

タバコはもう止(や)めたらどうですか。 담배는 그만 끊는 게 어때요?

辞書(じしょ)を調(しら)べてみたらどう。 사전을 찾아보는 게 어때?

:: 상대방에게 어떤 제한을 하거나 어드바이스를 할 때 우리는 '~하는 게 어때요?'라고 하지만 일본 사람들은 '~하면 어때요? '라고 한다. 우리말을 그대로 일본어로 해서 **～するのがどうですか**라고 해도 의미는 통하지만, 자연스런 표현은 **～たらどうですか**이다. 그리고 그냥 **どう**라고 하면 친한 사이에 사용할 수 있는 보통체가 된다.

★ 작문해 봅시다

一度いちど 한 번 | 譲ゆずる 양보하다 | 参考さんこうする 참고하다 | 機嫌きげんを直なおす 기분을 풀다 | スタイルを変かえる 스타일을 바꾸다

1 한 번 만나 보는 게 어때요?

2 조금 양보하는 게 어때요?

3 이것도 참고하는 게 어때?

4 이제 기분 푸는 게 어때?

5 스타일 바꿔 보는 게 어때?

Point 5

～じゃない ～잖아 (각 품사의 기본 활용형에 연결됨)

寝(ね)ているじゃない？ 자고 있잖아?

さっき言ったじゃないですか。 아까 말했잖아요?

いいじゃないですか。 좋잖아요?

上手(じょうず)じゃない？ 잘하잖아?

大人(おとな)じゃない？ 어른이잖아?

:: **～じゃない**는 **～ではない**의 회화체로 '~가 아니다'라는 부정형의 표현이지만, 이것을 의문형으로 해서 **～じゃない?**라고 하면 '~아니야? ~잖아?' 즉 '~지?'라고 자신의 생각을 상대방에게 확인하면서 동의를 구하는 표현이 된다.

★ 작문해 봅시다

Keyword

ちゃんと 제대로 | 動うごく 움직이다 | あまりにも 너무나(도) | ひどい 심하다 | ほら 이것 봐, 그것 봐 | 同おなじだ 같다 | えくぼ 보조개 | 魅力的みりょくてきだ 매력적이다

1 제대로 움직이고 있잖아요.

2 여기 있잖아요.

3 그건 너무 심하잖아요.

4 봐, 같잖아.

5 보조개가 매력적이잖아.

Today's Note

★ 다음 단어를 이용해서 오늘의 경험을 정리해 봅시다.

客きゃく 손님 | ぶつかる 부딪히다 | こぼす 쏟다 | でも 하지만 | 謝あやまる 사과하다 | 新あたらしい 새롭다 | コーヒーを入いれる 커피를 내다 | 文句もんくを言いう 불평을 하다 | 終おわる 끝나다 | 帰かえる 집에 가다 | 店長てんちょう 점장 | 厨房ちゅうぼう 주방 | 仲間なかま 동료 | 迷惑めいわくをかける 폐를 끼치다 | 必かならず 꼭 | 謝あやまる 사과하다 | これぐらい 이 정도 | 過すぎる 지나치다 | 相手あいて 상대 | 貯たまる 쌓이다 | ストレスになる 스트레스가 되다 | 文化ぶんか 문화 | 気きを配くばる 신경을 쓰다, 배려하다 | 覚おぼえる 느끼다, 배우다, 암기하다

오늘 미나 씨는 손님하고 부딪혀서 커피를 쏟고 말았다. 하지만 미나 씨가 빨리 사과를 하고 새 커피를 다시 냈기 때문에 손님은 불평도 하지 않고 이해해 주었다. 그리고 일이 끝나고 집에 가려고 하는데 점장님은 미나 씨에게 가기 전에 주방 동료에게 사과를 하는 것이 어떠냐고 했다. 일본에서는 작은 일이라도 동료에게 폐를 끼쳤을 때는 꼭 사과를 한다고 한다. 이쯤 괜찮잖아 하는 생각에 사과하지 않고 지나면 상대에게는 그것이 쌓여 스트레스가 된다. 작은 일이라도 상대를 배려하는 일본의 문화를 몸소 알게 된 하루였다.

Situation 17

歓迎会

환영회

店長 みんな集まったようだから、イさんの歓迎会を始めましょう。では、イさん、簡単にひとことお願いします。

イ・ミナ 今日は、私のためにわざわざ集まってくださって、ありがとうございます。この一ケ月間、失敗ばかりで❶、いろいろとご迷惑をおかけしました。申し訳ありません。でも、そのたびに❷やさしく教えてくださって、ありがとうございます。早く一人前になれるように❸頑張りますので、よろしくお願いします。

店長 日本に来てまだ1年しか経ってないのに、日本語うまいだろう？

鈴木 そうですね。日本人みたい❹。

イ・ミナ いいえ、まだまだです。

木村 彼氏は？

店長 木村君ミナちゃんに興味あるようだ❹けど、ミナちゃん彼氏いるらしい❺よ。

木村 まじですか。がっかり、俺一目ぼれしたのに。

店長 また、嘘を付く。

（わいわい）

店長 それでは、これでミナちゃんの歓迎会はお開きにしましょう。では、みなさん、明日からまた頑張ってください。

점장 모두 모인 것 같으니까 미나 씨 환영회를 시작합시다. 그럼 미나 씨 간단히 한마디 부탁해요.

이미나 오늘은 저를 위해서 일부러 모여 주셔서 감사해요. 요 한 달 동안 실수투성이라 여러 모로 폐를 끼쳤습니다. 죄송해요. 그래도 그때마다 자상하게 가르쳐 주셔서 감사합니다. 빨리 한 사람 몫을 할 수 있도록 노력할 테니까 잘 부탁드려요.

점장 일본에 온 지 1년밖에 안 됐는데, 일본어 잘하지?

스즈키 그러네요. 일본 사람 같아요.

이미나 아니에요, 아직 멀었어요.

기무라 남자 친구는요?

점장 기무라 군, 미나 씨에게 관심 있는 것 같은데, 미나 씨 남자 친구 있는 것 같은데.

기무라 정말요? 실망이다. 난 첫눈에 반했는데.

점장 또 거짓말한다.

(시끌벅적)

점장 그럼 이것으로 미나 씨의 환영회를 마칩시다. 여러분 내일부터 다시 파이팅 해 주세요.

Word Box

歓迎会かんげいかい 환영회
みんな 모두, 모든 사람
集あつまる 모이다
始はじめる 시작하다
簡単かんたんに 간단하게
わざわざ 일부러
失敗しっぱい 실수
~ばかり ~뿐, ~만, ~투성이
迷惑めいわくをかける 폐를 끼치다
そのたびに 그때마다
一人前いちにんまえ 한 사람 몫, 일인분
経たつ (시간이) 지나다, 경과하다
うまい 잘하다, 맛있다
まだまだ 아직 (멀었다)
興味きょうみがある 관심이 있다
まじですか 정말이에요?
がっかり(する) 실망하다
一目ひとめぼれする 첫눈에 반하다
嘘うそを付つく 거짓말을 하다
お開ひらき 원래는 '개장'이라는 뜻이지만, 모임을 마무리할 때 '끝'이라는 단어를 피하기 위해 반어적으로 사용한다.

니혼고 VS 한국어

打う ち上あ げパーティー VS 쫑파티

일본 사람들은 대체로 상대방의 말 한마디 한마디에 의미를 부여한다. 그래서 너무 부정적이거나 직설적인 표현을 피하는 경향이 있기 때문에 '쫑파티'의 경우도 **終おわりのパーティー**라고 하지 않고 '불꽃을 높이 쏘아 올림'이란 뜻의 단어 **打ち上げ**를 이용하여 반어적으로 **打ち上げパーティー** 라고 한다.

Point 1

명사 + ばかり ~뿐, ~만 (all)

동사 + てばかりいる ~고만 있다

동사 + てばかりいないで ~고만 있지 말고

遊(あそ)びばかりで仕事(しごと)はぜんぜんしない。 놀기만 하고 일은 전혀 하지 않는다.

遊んでばかりいて仕事はぜんぜんしない。 놀고만 있고 일은 전혀 하지 않는다.

遊んでばかりいないで勉強(べんきょう)もして。 놀고만 있지 말고, 공부도 해라.

※ **ばかり**(all) & **だけ**(only)

おかずはぜんぶ肉(にく)ばかりだった。 반찬은 모두 고기뿐이었다.

おかずはひとつだけだった。 반찬은 한 개뿐이었다.

:: 우리말 '~만, ~뿐'에 해당하는 일본어 조사는 **~だけ**와 **~ばかり**이다. 그리고 ~だけ는 'only', **~ばかり**는 'all'의 뉘앙스가 있으므로 구별해서 사용할 수 있도록 해야 한다. 사실 우리말도 우리가 그 차이를 느끼지 못할 뿐이지, '~만'은 'all', '~뿐'은 'only'의 뉘앙스가 있다. 그래서 위와 같이 '~고만 있다'라고 할 때는 **~てばかりいる**가 되는 것이다. 역시 외국어를 잘하는 비결 중 하나는 국어를 잘하는 것이다.

★ 작문해 봅시다

Keyword

座すわる 앉다 | 手伝てつだう 돕다 | 泣なく 울다 | 不満ふまん 불만 | 提案ていあん 제안 | 嘘うそを付つく 거짓말을 하다 | 付つき合あう 사귀다 | 男性だんせい 남자 | イケメン 꽃미남 | ため息いき 한숨 | 行動こうどうする 행동하다

1 앉아만 있지 말고 좀 도와주세요.

2 선생님은 여자뿐이에요.

3 울고만 있지 말고 앞으로 일을 생각하는 게 어때?

4 불만만 말하지 말고 제안을 하세요.

5 그는 언제나 게임만 해요.

6 그녀가 사귀는 남자는 꽃미남뿐이에요.

7 한숨만 나와요.

8 이렇게 보고만 있을 수 없어요.

9 매일 먹고 자고만 있어요.

10 생각만 하고 있지 말고, 행동을 하세요.

동사 기본형 + たびに ~할 때마다

Point 2

行(い)くたびに寄(よ)る店(みせ)があります。 갈 때마다 들르는 가게가 있어요.

会(あ)うたびにお小遣(こづか)いをくれる。 만날 때마다 용돈을 준다.

:: ~たび는 '어떤 행동이 이루어지는 시점이나 그 횟수'를 나타내는 명사이다. 그래서 앞에 동사를 연결하면 '~할 때마다'라는 표현이 된다.

★ 작문해 봅시다

きれいになる 예뻐지다 | 思おもい出だす 생각이 나다, 떠올리다 | 故郷ふるさと 고향 | 迎むかえる 마중하다 | 送おくる 보내다, 데려다 주다 | 旦那だんな 자기 남편 | 触さわる 만지다 | 癖くせ 버릇

1 그녀는 만날 때마다 예뻐집니다.

2 이 노래를 들을 때마다 그녀를 떠올립니다.

3 고향에 돌아갈 때마다 아버지가 마중을 나와 줍니다.

4 그는 데이트를 할 때마다 집까지 데려다 주었어요.

5 남편은 거짓말을 할 때마다 머리를 만지는 버릇이 있어요.

Point 3

～ように ～하도록

동사 기본형 早く寝るようにしてください。 일찍 자도록 하세요.

부정형 風邪を引かないように気をつけてください。 감기에 걸리지 않도록 조심하세요.

ます형 夢が叶いますように(お祈りします)。 꿈이 이루어지기를(기원합니다).

:: **～ように**는 '~도록, ~게'에 해당하는 말로 앞에 동사의 기본형을 붙이면 '~하도록, ~하게' 부정형을 연결하면 '~하지 않도록, ~하지 않게'라고 명령이나 희망을 완곡하게 돌려 말하는 표현이 된다. 특히 '~하시길 기원합니다.'라고 할 때는 **お祈りします**(기원합니다)를 생략하고, 그냥 **～ますように**라고 하는 경우도 많다.

★ 작문해 봅시다

風邪かぜを引ひく | 注意ちゅういする 주의하다 | 守まもる 지키다 | 忘わすれる 잊다 | ばれる 들키다 | 気きをつける 조심하다 | 巡めぐり合あう 운명적으로 만나다

1 감기에 걸리지 않도록 주의합시다.

2 앞으로는 시간을 지키도록 하겠습니다.

3 잊지 않도록 써 두세요.

4 들키지 않도록 조심해야지.

5 좋은 사람을 만날 수 있기를(기원합니다).

Point 4

~ようだ/みたいだ ~한 것 같다 (주관적인 추측)

な형용사 (だ → な) + **ようだ** (だ 떼고 + みたいだ)

명사 + の + **ようだ** (명사 + みたいだ)

恋人がいるようだ。(いるみたいだ) 애인이 있는 것 같다.

気分が悪いようだ。(悪いみたいだ) 기분이 나쁜 것 같다.

嫌いなようだ。(嫌いみたいだ) 싫어하는 것 같다.

知り合いのようだ。(知り合いみたいだ) 아는 사람인 것 같다.

:: 특별한 근거가 없이 아주 주관적으로 '~ 것 같다'라고 할 때는 어미 **~ようだ**나 **~みたいだ**를 이용해서 추측형 표현을 만들 수 있다. 단 형태상 な형용사와 명사의 경우는 위와 같이 **~ようだ**와 **~みたいだ**를 연결할 때 차이가 있으므로 주의하자. **~ようだ**나 **~みたいだ**는 뉘앙스 상의 차이는 거의 없지만, **~みたいだ** 쪽이 좀 더 회화적인 느낌이 드는 표현이다.

★ 작문해 봅시다

自分 じぶん 자기 | 政治 せいじ 정치 | 興味 きょうみ 흥미 | 生意気 なまいきだ 건방지다 | 年齢 ねんれい 연령, 나이 | 秘密 ひみつ 비밀 | バカにする 무시하다 | けっこう 꽤

1 자기가 말한 것을 잊어버린 것 같아요.

2 정치에는 관심이 없는 것 같아요.

3 그녀는 좀 건방진 것 같아요.

4 나이는 비밀인 것 같아요.

5 일본어를 우습게 생각하는 것 같은데, 일본어도 꽤 어려워.

Point 5

~らしい (듣기에) ~한 것 같다 (객관적인 추측)

동사 기본 활용 + らしい

기본형 風邪(かぜ)が流行(はや)っているらしい。(듣기에) 감기가 유행하고 있는 것 같다.

부정형 今度(こんど)、彼(かれ)は行(い)かないらしい。이번에 그는 안 가는 것 같다.

과거형 友(とも)だちが日本(にほん)から帰(かえ)って来(き)たらしいです。친구가 일본에서 돌아온 모양이다.

い형용사 기본 활용 + らしい

기본형 新(あたら)しい部長(ぶちょう)は厳(きび)しいらしい。(듣기에) 새로운 부장님은 엄하신 것 같다

부정형 新しい部長はあまり厳しくないらしい。새로운 부장님은 별로 엄하지 않은 것 같다.

과거형 前(まえ)の部長はけっこう厳しかったらしい。이전 부장님은 꽤 엄했던 것 같다.

な형용사 기본 활용 (기본형은 だ 떼고) + らしい

기본형 未成年(みせいねん)はだめらしい。(듣기에) 미성년은 안 되는 것 같다.

부정형 あの図書館(としょかん)はあまり静(しず)かじゃないらしい。그 도서관은 별로 조용하지 않은 것 같다.

과거형 あの子(こ)昨日(きのう)の試験(しけん)はだめだったらしい。쟤 어제 시험은 못 본 모양이다.

명사 + らしい

スープの味(あじ)が自慢(じまん)らしい。(듣기에) 국물 맛이 자랑인 것 같다.

:: 앞에서 공부한 **~ようだ**나 **~みたいだ**가 불확실한 근거 없는 주관적인 추측임에 비해 **~らしい**는 다른 사람으로부터 들은 적이 있거나, 추측을 하게 된 근거가 있는 경우에 사용하는 객관적인 추측형 어미이다. 그래서 **~らしい**는 우리말 '듣기로는 ~인 것 같다'라고 할 때 사용하는 어미로 외워 두는 것이 좋다.

★ 작문해 봅시다

Keyword

高齢化こうれいか 고령화 | 進すすむ 진행되다, 심화하다 | しばらく 잠시, 잠깐, 당분간 | 歌手かしゅ 가수 | 活動かつどう 활동 | 最近さいきん 최근 | 一人ひとり暮くらし 혼자 생활함 | 多おおい 많다 | 離婚りこん 이혼 | 原因げんいん 원인 | 嫁よめ 며느리 | 姑しゅうとめ 시어머니 | 簡単かんたんに 간단히 | ダウンロード 다운로드 | 晴はれる 맑다 | 年とし 나이 | 関係かんけい 관계, 상관 | 相変あいかわらず 여전히, 변함없이

1 고령화가 심화되고 있는 것 같다.

2 잠시 가수 활동을 쉬는 것 같다.

3 최근에는 혼자 사는 사람이 많은 것 같다.

4 스트레스는 몸에 나쁜 것 같다.

5 이혼의 원인은 고부간의 문제였던 것 같다.

6 간단히 다운로드 할 수 있는 것 같다.

7 내일은 맑을 것 같다.

8 주인이 바뀐 것 같다.

9 나이는 상관없는 것 같다.

10 여전히 건강한 것 같다.

Today's Note

★ 다음 단어를 이용해서 오늘의 경험을 정리해 봅시다.

歓迎会かんげいかい 환영회 | 一ヶ月間いっかげつかん 1개월 동안, 한 달 동안 | 失敗しっぱい 실수 | みんな 모두 | 迷惑めいわくをかける 폐를 끼치다 | 謝あやまる 사과하다 | 一人前いちにんまえになる 한 사람 몫을 하다 | 改あらためて 새로이, 다시, 새삼 | 挨拶あいさつ 인사 | 鈴木すずきさん 스즈키 씨 | 誉ほめる 칭찬하다 | がっかりする 실망하다 | 普段ふだん 평소(에) | 木村きむらさん 기무라 씨 | 嘘うそを付つく 거짓말을 하다 | むしろ 오히려 | 困こまる 곤란하다 | 助たすける 돕다 | 店長てんちょう 점장 | 興味きょうみ 흥미 | とにかく 아무튼 | 楽たのしい 즐겁다

오늘은 가게에서 미나 씨 환영회를 해 주었다. 미나 씨는 한 달 동안 실수만 해서 모두에게 폐를 끼친 것을 사과하고, 앞으로 빨리 한 사람 몫을 할 수 있도록 노력하고 싶다고 새삼 인사를 했다.
스즈키 씨는 미나 씨에게 일본 사람처럼 일본어를 잘한다고 칭찬해 주었다. 그리고 기무라 씨는 미나 씨에게 남자 친구가 있다는 것을 알고 실망했다고 말했지만, 평소에 기무라 씨는 평소에 자주 거짓말을 하는 것 같다. 오히려 미나 씨가 곤란할 때마다 도와주는 점장님 쪽이 미나 씨에게 관심이 있는 것 같다. 아무튼 즐거운 환영회였다.

Situation 18

病院で

병원에서

看護師　イ・ミナさん、どうぞ。

医者　今日はどうされましたか。

イ・ミナ　昨日から体の調子が悪くて、咳も止まらないし、喉に何かが引っ掛かっているような気がします[1]。熱もあるし。

医者　そうですか？「あー」してみてください。扁桃腺が張れていますね。鼻づまりや鼻水などは？

イ・ミナ　それはないんですが、今は身体中が痛くなって、寒気がするんです。

医者　風邪ですね。このごろ、ひどいインフルエンザが流行ってるんですよ。ゆっくり休んだ方がいい[2]ですね。休まないとなかなか[3]治りませんから。しばらくはお風呂にも入らない方がいい[2]ですよ。

イ・ミナ　はい、わかりました。

医者　肺炎だと困るから、念のため[4]レントゲンを撮りましょう。そして処方せんを出しますので、薬を飲んでみて、3日後もう一度きてください。

イ・ミナ　ありがとうございました。

医者　お大事に。

간호사 이미나 씨 들어오세요.

의사 오늘은 어떻게 오셨어요?

이미나 어제부터 컨디션이 나빠져서, 기침도 멈추질 않고, 목에 뭐가 걸린 것 같아요. 열도 있고.

의사 그래요. 아~ 해보세요. 편도선이 부어 있네요. 코막힘이나 콧물은?

이미나 그건 없지만, 지금은 온몸이 아프고 오한이 나요.

의사 감기네요. 요즘 심한 독감이 유행하고 있거든요.
푹 쉬는 편이 좋겠네요. 쉬지 않으면 좀처럼 낫지 않으니까요.
얼마동안은 목욕도 하지 않는 편이 좋아요.

이미나 네, 알겠습니다.

의사 폐렴이면 안 되니까 만약을 위해서 엑스레이를 찍읍시다. 그리고 처방전을 드릴 테니까 약을 드셔 보시고, 3일 후에 다시 한번 오세요.

이미나 감사합니다.

의사 몸조심하세요.

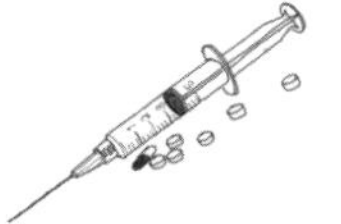

Word Box

看護師かんごし 간호사
どうされましたか 어떻게 되셨어요? 어디가 편찮으세요?
される 하시다 *する(하다)의 높임말
調子ちょうし 컨디션
咳せき 기침
止とまる 멈추다
喉のど 목
引ひっ掛かかる 걸리다
気きがする 느낌이 들다
熱ねつ 열
扁桃腺へんとうせん 편도선
張はれる 붓다
鼻はなづまり 코 막힘
鼻水はなみず 콧물
寒気さむけがする 오한이 들다
ひどい 심하다
流行はやる 유행하다
しばらく 얼마 동안, 잠시
治なおる 낫다
お風呂ふろに入はいる 목욕하다
肺炎はいえん 폐렴
困こまる 곤란하다
念ねんのため 만약을 위해
レントゲン 뢴트겐, 엑스레이
処方しょほうせん 처방전
お大事だいじに 건강 조심하세요

니혼고 VS 한국어

身体中からだじゅうの間接かんせつが痛いたい VS 몸살

일본어에는 '몸살'이라는 단어가 없다. 그래서 감기에 걸렸을 때 병원에 가서 감기 몸살이라고 말할 때는 **身体中が痛い**(몸 전체가 아프다)라고 하거나 **身体中の間接**かんせつ**が痛い**(몸 전체의 관절이 아프다)라고 말해야 한다. 반대로 감기와 관련해서 우리말에 없는 일본어 표현이 있다. ***バカは風邪***かぜ***を引***ひ***かない***(바보는 감기에 걸리지 않는다), 즉, '감기도 바보는 상대하지 않는다'는 뜻으로 일본에서는 상대방이 감기에 걸렸을 때 「**よかったですね。**(다행이네요.)」하고 농담을 하는 경우도 있다.

~(ような)気(き)がする ~ 것 같은 기분[느낌]이 든다

Point 1

동사 誰(だれ)かがいる(ような)気(き)がする。 누군가가 있는 (것 같은) 기분이 든다.

い형용사 高(たか)い(ような)気がする。 비싼 (것 같은) 느낌이 든다.

な형용사 だ 떼고 + な + (ような)気がする

まじめな(ような)気がする。 성실한 (것 같은) 느낌이 든다.

명사 명사 + の + (ような)気がする

嘘(うそ)の(ような)気がする。 거짓말인 (것 같은) 기분이 든다.

∷ **気がする**는 '기분이 들다', '느낌이 들다'라는 표현으로 앞에 각 품사를 수식형으로 연결하거나, 비유의 표현 **~ようだ**를 넣어 표현하기도 한다.

★ 작문해 봅시다

勝かつ 이기다 | 方向ほうこう 방향 | なぜか 왠지 | 危あぶない 위험하다 | 無駄むだだ 소용이 없다 | ~こそ ~야말로 | チャンス 기회

1 이번에는 저 아이가 이길 것 같은 생각이 들어요.

2 이 방향이 아닌 것 같은 생각이 들어요.

3 왠지 위험할 것 같은 느낌이 들었어요.

4 노력해도 소용이 없을 것 같은 생각이 들었어요.

5 이번이야말로 기회인 것 같은 느낌이 들어요.

동사 과거형 + た方(ほう)がいい ~하는 것(편)이 좋다
동사 부정형 + ない方(ほう)がいい ~하지 않는 것(편)이 좋다

Point 2

野菜(やさい)はたくさん食(た)べた方(ほう)がいい。 야채는 많이 먹는 것이 좋다.

お酒(さけ)はたくさん飲(の)まない方(ほう)がいい。 술은 많이 마시지 않는 것이 좋다.

:: '~하는 편이 좋다', '~하지 않는 편이 좋다'라고 상대방에게 어드바이스를 할 때는 명사 **方**ほう(편) 앞에 동사의 과거형과 부정형을 연결하면 된다. 이 표현에서 우리말과의 차이는 '~하는 편이 좋다'라고 할 때 **~する方がいい**가 아니라 **~した方がいい**라고 동사의 과거형을 사용하는 것이다. 우리가 '예쁘면 좋겠어요.'라는 표현을 '예뻤으면 좋겠어요.'라고 과거형을 사용해서 그 의미를 강조하는 것처럼 일본어도 사실 **~する方がいい**라고 해도 문제는 없지만, 일본 사람들은 여기에 일부러 과거형을 사용함으로 해서 그 의미를 강조한다.

★ 작문해 봅시다

トライする 도전하다 | あまり 그다지, 너무 | 意地いじを張はる 고집을 부리다 | 偏見へんけんを捨すてる 편견을 버리다 | あげる 주다 | 合あう 맞다 | 確認かくにんする 확인하다

1 뭐든 도전해 보는 것이 좋다고 생각해요.

2 너무 고집을 부리지 않는 것이 좋아요.

3 편견은 버리는 편이 좋아요.

4 아이에게는 돈을 많이 주지 않는 것이 좋다.

5 맞는지 어떤지 확인하는 것이 좋다.

Point 3

なかなか + 긍정문 꽤, 상당한
なかなか + 부정문 좀처럼 (~지 않다)

なかなかの美人(びじん)だ。 상당한 미인이다.

美人(びじん)はなかなかいない。 미인은 좀처럼 없다.

:: **なかなか**는 '상상이나 예상을 우회한다'는 의미를 가진 부사인데, 문장의 호응상 긍정문에서는 '꽤, 상당히 ~하다'가 되고, 부정문에서는 '좀처럼 ~지 않다'라는 뜻이 되니까 그 해석에 주의해서 외워 두길 바란다.

★ 작문해 봅시다

バス 버스 | そば屋や 메밀국수집 | 認みとめる 인정하다 | 大変たいへんだ 힘들다 | 日韓関係にっかんかんけい 한일 관계 | 発音はつおん 발음

1 버스가 좀처럼 오지 않네요.

2 여기는 꽤 맛있는 메밀국수집이네요.

3 좀처럼 인정해 주질 않아서 힘들어요.

4 한일 관계는 꽤 어려운 문제예요.

5 발음이 좀처럼 잘 안 돼요.

念（ねん）のため 혹시 모르니까, 만약을 위해서

Point 4

念（ねん）のためレントゲンを取（と）りましょう。 혹시 모르니까 엑스레이를 찍읍시다.

念のため買（か）っておきましょう。 혹시 모르니까 사 둡시다.

:: 한자 念은 '생각, 마음'이라는 의미가 있지만, 그 이외에 '주의'라는 의미도 있다. 그래서 **念のため**라고 하면 '주의를 위해서' 즉 '혹시 모르니까, 만약을 위해서'라는 뜻이 된 것이다. 무엇이든 확인하고 또 확인하기를 좋아하는 일본 사람들이 자주 쓰는 표현 중의 하나이므로 숙어로 알아 두면 좋다.

★ 작문해 봅시다

Keyword

連絡先れんらくさき 연락처 | ジャケット 재킷 | 多おおめに 많은 듯하게 | 必要経費ひつようけいひ 필요 경비 | 出発時間しゅっぱつじかん 출발 시간

1 혹시 모르니까 연락처를 알려 드릴게요.

2 혹시 몰라서 말하는데, 나 여자 친구 있어.

3 만약을 위해서 재킷을 가지고 가는 편이 좋아요.

4 필요 경비는 혹시 모르니까 조금 많은 듯하게 가지고 가세요.

5 만약을 위해 출발 시간을 확인해 두세요.

★ 다음 단어를 이용해서 오늘의 경험을 정리해 봅시다.

Keyword

体からだの調子ちょうしが悪わるい 몸 컨디션이 나쁘다 | よくなる 좋아지다 | 近ちかく 근처 | 病院びょういん 병원 | 扁桃腺へんとうせん 편도선 | 張はれる 붓다 | このごろ 요즘 | 流行はやる 유행하다 | インフルエンザにかかる 독감에 걸리다 | 医者いしゃ 의사 | しばらく 잠시 동안 | ゆっくり 푹, 천천히 | 肺炎はいえん 폐렴 | 困こまる 곤란하다 | 念ねんのため 혹시 모르니까 | レントゲンを撮とる 엑스레이를 찍다 | 薬くすり 약 | そう言いえば 그러고 보니 | 無理むりをする 무리를 하다 | 一いっカ所しょ 한 곳, 한 군데 | 減へらす 줄이다

미나 씨는 어제부터 컨디션이 나빠져서, 쉬어도 좀처럼 좋아지질 않아 오늘은 근처 병원에 갔다. 편도선이 붓고, 요즘 유행하는 독감에 걸린 것 같다고 한다. 의사는 당분간은 푹 쉬는 편이 좋다고 했다. 그리고 폐렴이면 곤란하니까 만약을 위해서 엑스레이를 찍고 3일분 약을 받았다. 그러고 보니 요즘 좀 무리를 한 것 같았다. 아르바이트만 열심히 하고, 학교에 가도 금방 자 버리고, 아르바이트를 한 곳 줄이는 편이 좋겠다고 생각했다.

병원 관련 표현

- 症状 증상
- 体の具合が悪い 몸의 상태가 나쁘다, 컨디션이 안 좋다
- 身体中が痛い 온몸이 아프다, 몸살이 나다
- 寒気がする 한기가 들다
- 健康診断を受ける 건강진단을 받다
- 血圧を測る 혈압을 재다
- 熱を測る 열을 재다
- 異常がない 이상이 없다
- 熱がある・上がる・下がる 열이 있다, 오르다, 내리다
- 頭が痛い 머리가 아프다
- ずきずきと頭痛がひどい 지끈지끈 두통이 심하다
- めまいがする 현기증이 나다
- 鼻水が出る 콧물이 나다
- 鼻をかむ 코를 풀다
- 鼻がつまる 코가 막히다
- 喉が痛い 목이 아프다
- 咳きが出る 기침이 나다
- 痰が出る 가래가 나오다
- 息苦しい 호흡이 곤란하다
- 風邪が移る 감기가 옮다

- 風邪を移す 감기를 옮기다
- 予防接種をする 예방 접종을 하다
- 食中毒 식중독
- 下痢をする 설사하다
- 胃炎 위염
- 肺炎 폐렴
- 腸炎 장염
- 盲腸 맹장
- 扁桃腺 편도선
- 仮病を使う 꾀병을 부리다
- お見舞いにいく 문병을 가다
- 薬剤師 약사
- 外科 외과
- 内科 내과
- 眼科・眼医者 안과
- 産婦人科 산부인과
- 小児科 소아과
- 歯科・歯医者 치과
- 皮膚科 피부과
- 耳鼻咽喉科 이비인후과

Situation 19

地震

지진

イ・ミナ　私、疲れているのかなあ。何んかふらふらするんですよ。ああ、今は地面も揺れている。

鈴木　ホホホ、今の[1]は地震よ。

イ・ミナ　え、本当ですか。これが地震か。私、初めてです。怖い。

鈴木　大丈夫よ。震度6とか7度くらいは危ないけど。今のは震度3度くらいじゃない。ちょっと短かったね。

イ・ミナ　もっと大きい地震が来たら、どうするんですか。

鈴木　まずは火事を防ぐために、ガスの火などを消すこと[1]ね。
それからドアを開けといて[2]からテーブルの下に体を隠すの。

イ・ミナ　ドアはなぜ開けとく[2]んですか。

鈴木　逃げ口をキープするためよ。後でドアが開けられなくなっちゃう[3]から。
後でドアが開けられなくなっちゃう[3]から。

イ・ミナ　最初から外に逃げればいいじゃないですか。

鈴木　いや、外に出ちゃだめ[4]よ。ビルが壊れるとガラスなどいろんなものが落ちてくるから危ない。とにかく落ち着いて行動すること[1]が大切よ。

イ・ミナ　鈴木さんは、地震が怖くないですか。

鈴木　いつ起きるか分からないもの[1]だから怖いけど、起きたら起きたで[5]しょうがないよ。

イ・ミナ　でも、私は嫌だな。

이미나　내가 좀 피곤한가? 왠지 어질어질해요. 아, 지금은 땅도 흔들려요.

스즈키　호호, 지금 이건 지진이잖아.

이미나　에, 정말요? 이게 지진이구나. 저 처음이에요. 무서워라.

스즈키　괜찮아. 진도가 6이나 7은 위험하지만, 지금 것은 진도 3 정도 아닐까? 좀 짧았어.

이미나　더 큰 지진이 오면 어떻게 해요?

스즈키　먼저 화재를 막기 위해서 가스 불 같은 것을 끄는 거야. 그리고 문을 열어 두고 테이블 아래에 몸을 숨기는 거야.

이미나　문은 왜 열어 두나요?

스즈키　출구를 확보하기 위해서야. 나중에 문을 못 열게 돼 버리니까.

이미나　처음부터 밖으로 도망가면 되잖아요.

스즈키　아니야, 밖으로 나가면 안 돼. 빌딩이 무너지면 유리라든지 여러 가지가 떨어져서 위험하거든. 아무튼 침착하게 행동하는 것이 중요해.

이미나　스즈키 씨는 지진이 안 무서워요?

스즈키　언제 일어날지 모르는 거니까 무섭지만, 일어나면 일어난 대로 어쩔 수 없지 뭐.

이미나　그래도 전 싫어요.

Word Box

地震じしん 지진
疲つかれている 피곤하다
どうした? 왜 그래?
何なんか 뭔가, 왠지
ふらふらする 어질어질하다
地面じめん 지면
揺ゆれる 흔들리다
怖こわい 무섭다
震度しんど 지진의 강도
危あぶない 위험하다
まず 제일 먼저, 우선
火事かじを防ふせぐ 화재를 막다
ガスの火ひ 가스 불
消けす 끄다
隠かくす 숨기다
逃にげ口ぐち 도망갈 출구
キープkeepする 확보하다
逃にげる 도망치다
ビル 빌딩
壊こわれる 무너지다, 망가지다
ガラス 유리
落おちる 떨어지다
とにかく 아무튼
落おち着つく 침착하다, 진정하다
しょうがない 어쩔 수 없다
嫌いやだ 싫다

니혼고 VS 한국어

火事かじ・電気でんき・火ひ VS 불

정확히는 각각 **火事**(화재), **電気**(전기), **火**(불)이겠지만, 실제 회화에서 우리는 이 세 가지를 모두 '불'이라고 한다. 그래서 '불 = 火'라고 암기하고 있는 경우 '가스 불이 세다'를 **ガスの火が強**つよ**い**라고 하는 것은 괜찮지만, 다음과 같은 실수는 하지 않도록 주의하자.

火が出でる (X)　→ 火事になる (O)　불이 나다

部屋へやの火を消けす (X) → 部屋の電気を消す (O)　방의 불을 끄다

もの & こと & の 것

Point 1

もの : 사물, 물건, 현상 (구체적)

こと : 행동, 일, 사건, 사실, 경험 (추상적)

の : **もの**나 **こと**를 대신함

安い物(やすもの) 싼 것(물건)

重要(じゅうよう)なこと 중요한 것(일, 사건, 사항)

私(わたし)の (=もの) 나의 것(물건)

聞(き)くの (=こと) 듣는 것(행동)

:: 우리말의 '것'에 해당하는 일본어는 **もの**, **こと**, **の**가 있다. 언제 어떤 것을 사용해야 할지가 어려운데 **もの**는 사람의 감각으로 느낄 수 있는 구체적인 사물이나 현상을 나타내며, **こと**는 행동이나 일, 사건, 경험 등 좀 추상적인 것을 나타낸다. 그리고 **の**는 이러한 **もの**와 **こと**를 대신하는 대명사이다. 사실 각각 좀 더 복잡한 뉘앙스가 있지만, 일단 이렇게 정리를 해 두면 일상 회화에는 크게 문제가 없을 것이다.

★ 작문해 봅시다

プレゼント 선물 | 不思議ふしぎだ 불가사의하다, 이상하다 | 起おきる 일어나다 | 食たべ物もの 음식 | 甘あまい 달다 | 遅おくれる 늦다 | ほとんど 거의 | 簡単かんたんだ 간단하다, 쉽다 | 実行じっこうする 실행하다

1 선물로 받은 거예요.

2 이상한 일이 일어났어요.

3 음식은 단 것을 좋아해요.

4 늦는 일은 거의 없어요.

5 말하기는 쉬워도 실천하기는 어려워요.

Point 2

~ておく → ~とく ~해 두다

買っておく → 買っとく 사 두다

食べておく → 食べとく 먹어 두다

開けておく → 開けとく 열어 두다

:: 어떤 언어권이든 화자는 정해진 시간 안에 최대한 짧은 표현으로 충분히 의사 전달을 하려고 하기 때문에 의미에 큰 문제가 없으면 축약이나 생략을 하게 된다. 이때 제일 바꾸기 쉬운 것이 발음이다.
그래서 문어체니 회화체니 하는 차이가 생겨나는 것인데, **~ておく** 또한 실제 회화에서는 **~ておく**teoku 의 모음을 하나로 줄여 **~とく** toku라고 하는 경우가 많다.

★ 작문해 봅시다

ちゃんと入いれる 잘 넣다 | 完璧かんぺきに 완벽하게 | 準備じゅんびする 준비하다 | 覚おぼえる 기억하다 | 冷蔵庫れいぞうこ 냉장고 | 入いれる 넣다 | 覚悟かくごする 각오하다

1 잘 넣어 두겠습니다.

2 완벽하게 준비해 두었습니다.

3 기억해 주세요.

4 이것은 냉장고에 넣어 두는 것이 좋아요.

5 각오해 둬.

Point 3

～てしまう→～ちゃう ～해 버리다
～でしまう→～じゃう

食(た)べてしまう→食(た)べちゃう 먹어 버리다

飲(の)んでしまう→飲(の)んじゃう 마셔 버리다

:: 어떤 동작이나 작용이 완료됐음을 나타내는 **～てしまう**(~해 버리다)는 실제 회화에서 **～ちゃう**로 줄여 표현하는 경우가 많다. 또 어미가 **む・ぶ・ぬ**인 동사들에 의한 **～でしまう**는 **～じゃう**로 줄어든다. **～てしまう**(~해 버리다) 자체가 처음인 사람은 먼저 이 표현을 알아 두어야겠지만, 이미 알고 있는 사람들은 **～ちゃう**나 **～じゃう**를 연습해 두면 리스닝은 물론이고 보다 자연스런 일본어를 구사할 수 있게 된다.

★ 작문해 봅시다

Keyword
忘(わす)れる 잊다 | ゲッ！ 헉! | ファイル 파일 | 飛(と)ぶ 날다 | 一目惚(ひとめぼ)れする 첫눈에 반하다 | なくなる 없어지다 | 消(け)す 지우다

1 또 잊어버렸다.

2 헉! 파일이 날아가 버렸다.

3 첫눈에 반해 버렸어요.

4 돈이 벌써 (다) 없어졌어요.

5 지워 버리세요.

～てはだめ→～ちゃだめ ～하면 안 돼
～ではだめ→～じゃだめ

Point 4

見(み)てはだめ→見(み)ちゃだめ。 보면 안 돼.

飲(の)んではだめ→飲(の)んじゃだめ。 마시면 안 돼.

∷ '~하면 안 된다'에 해당하는 **～てはだめ**도 회화에서는 **～ちゃだめ**가 된다. 역시 어미가 **む・ぶ・ぬ**인 동사에 의한 **～ではだめ**는 **～じゃだめ**가 된다.

★ 작문해 봅시다

宿題しゅくだい 숙제 | 遊あそぶ 놀다 | 泣なく 울다 | 領収書りょうしゅうしょ 영수증 | 捨すてる 버리다 | 開あける 열다 | 大事だいじだ 중요하다 | 無なくす 잃어버리다

1 숙제도 하지 않고 놀면 안 돼.

2 남자니까 울면 안 돼.

3 영수증은 버리면 안 돼요.

4 아직 열면 안 돼요.

5 중요하니까 잃어버리면 안 돼.

Point 5

～たら～たで ～하면 ～한 대로

忘(わす)れたら忘れたでまた勉強(べんきょう)すればいい。

잊어버리면 잊어버리는 대로 또 공부하면 된다.

負(ま)けたら負(ま)けた(こと)で得(え)るものがあるでしょう。

지면 진대로 얻는 것이 있겠죠.

:: **～たら～たで**는 숙어로 '~하면 ~한 대로'라는 표현이다. 결과를 알 수 없는 가정이므로 **～たら**가 사용되고, '~한 대로'는 동사 과거형을 사용하여, 원래 **～たことで**인데, **こと**를 생략하는 경우가 많다.

★ 작문해 봅시다

暮くらす 살다, 생활하다 | ひどい目めに遭あう 힘든 상황에 처하다 | 別わかれる 헤어지다 | しょうがない 어쩔 수 없다 | 金持かねもち 부자 | 他ほか 다른, 그 외 | 悩なやみ 고민 | 首くびになる 해고당하다 | 探さがす 찾다

1 없으면 없는 대로 살 수 있어요.

2 힘든 상황에 처하면 처하는 대로 어떻게든 돼요.

3 헤어지면 헤어진 대로 어쩔 수 없겠지요.

4 부자가 되면 되는 대로 또 다른 고민이 있겠지요.

5 잘리면 잘리는 대로 새로운 일을 찾으면 된다.

Today's Note

★ 다음 단어를 이용해서 오늘의 경험을 정리해 봅시다.

地震じしん 지진 | 怖こわい 무섭다 | 経験けいけんする 경험하다 | いよいよ 드디어 | その日ひ 그 날 | 急きゅうに 갑자기 | ふらふらする 어질어질하다 | 自分じぶん 자기 | 疲つかれている 피곤하다 | 震度しんど 진도 | 危あぶない 위험하다 | 外そと 밖 | 出でる 나가다 | 室内しつない 실내 | まず 제일 먼저 | ガスの火ひ 가스 불 | 消けす 끄다 | ドアを開あける 문을 열다 | 大事だいじだ 중요하다 | なぜなら 왜냐하면 | テーブル 테이블 | 隠かくす 숨기다 | とにかく 아무튼 | 自然しぜん 자연

미나 씨는 지진이 많다는 일본에 있어서 무섭지만 지진이 어떤 것인지 경험해 보고 싶었다. 드디어 그날이 왔다. 갑자기 어질어질해서 미나 씨는 자기가 피곤하다고 생각했다. 하지만 그것은 지진이었다. 이번은 작았지만 진도가 6이나 7이 되면 위험하다고 한다. 그리고 지진 때는 밖에 나가면 안 되니까 실내에서 먼저 가스 불 같은 것을 끄고 문을 열어 두는 것이 중요하다고 한다. 왜냐하면 문을 열어 두지 않으면 나중에 나갈 수 없게 돼 버리기 때문이다. 그리고 테이블 아래로 몸을 숨기는 것이다. 아무튼 미나 씨는 자연이 무섭다고 생각했다.

関東と関西

관동과 관서

バイト先のラーメン屋の田中先輩は大阪出身で、とても楽しい人だ。ところが、パクさんは時々彼の関西弁が分からなくて困る時があった。

パク・サンウ　先輩、麺が出来あがりました。

田中　おお。おおきに。（ありがとう）

パク・サンウ　えっ、大盛りですか。

田中　ちゃうちゃう。（ちがう）

パク・サンウ　えっ、チャーシューですか。

＜仕事が終わって＞

パク・サンウ　お疲れ様でした。田中先輩、ちょっといいですか。

田中　何や？

パク・サンウ　僕、正直、先輩の言葉がよく分からない時があるんです。すみません。

田中　俺、関西やからな。関東と関西は言葉やら食べ物やら[1]いろいろちゃうねん。東京の「ありがとう」は大阪では「おおきに」やし、たとえば[2]食べ物も東京がそばなら大阪はうどんやし、エスカレーターも大阪は右に立つからな。

パク・サンウ　右に立つのは韓国っぽい[3]ですね。とにかく、テレビにもよく出てくるし、関西弁、教えてください。

田中　ほんま？じゃ、今日は「ちがう」の意味の「ちゃう、ちゃう」を覚えて。

パク・サンウ　ちゃう、ちゃう。言えば言うほど[4]おもしろいですね。

아르바이트 하는 라면 가게의 다나카 선배는 오사카 출신으로 아주 재미있는 사람이다. 하지만 상우 씨는 때때로 그의 관서 사투리를 몰라서 곤란할 때가 있었다.

박상우　선배, 면 다 됐습니다.

다나카　응. 오오키니(고마워).

박상우　네? 곱빼기요?

다나카　차우차우(그게 아니라).

박상우　네? 차슈요?(라면에 올리는 돼지고기 수육)

〈일이 끝나고〉

박상우　수고하셨습니다. 다나카 선배 (시간) 좀 괜찮으세요?

다나카　뭐?

박상우　저 솔직히 선배 말 잘 이해할 수 없을 때가 있어요. 죄송해요.

다나카　내가 관서 출신이니까. 관동하고 관서는 말이며 음식이며 여러 가지가 다르지. 도쿄의 '아리가토'는 오사카에서 '오오키니'라고 하고, 예를 들어 먹는 것도 도쿄는 메밀국수, 오사카는 우동이지, 에스컬레이터도 오사카는 오른쪽에 서니까.

박상우　오른쪽에 서는 것은 한국 같네요. 어쨌든 텔레비전에도 자주 나오니까 관서 사투리 가르쳐 주세요.

다나카　정말? 그럼 오늘은 '아니다'는 뜻의 '차우'를 기억해.

박상우　'차우 차우' 말하면 할수록 재미있네요.

Word Box

関東かんとう 관동
関西かんさい 관서
バイト先さき 아르바이트 하는 곳
出身しゅっしん 출신
先輩せんぱい 선배
関西弁かんさいべん 관서 사투리
おおきに 고맙습니다
*ありがとう의 관서 사투리
大盛おおもり 곱빼기
ちゃう 다르다, 아니다
*違(ちが)う의 관서 사투리
チャーシュー
라면에 얹는 돼지고기 수육
正直しょうじき 솔직히
～や ～(이)다 *～だ의 관서 말투
～やら～やら ～며 ～며
たとえば 예를 들면
そば 메밀국수
エスカレーター 에스컬레이터
～っぽい ～같다
とにかく 여하튼, 아무튼, 어쨌든
ほんま 정말
*本当(ほんとう)의 관서 사투리
覚おぼえる 외우다, 암기하다
～ば～ほど ～하면 ～할수록

니혼고 VS 한국어

大盛(おおも)り VS 곱빼기

우리말 '곱빼기'에 해당하는 일본어는 **大盛り**. **盛り**는 **盛る**(담다, 쌓다)의 명사형으로 '많이 담다'라는 의미에서 '곱빼기'가 된 것이다. 그런데 이 발음이 오사카 말 **おおきに**(고맙습니다)와 비슷해서 본문 중에서 박상우 씨가 착각을 하게 된 것. 그리고 추가로 더 먹을 때는 **お代かわり**라는 표현을 사용한다. 원래 '대체, 대용'이라는 뜻이지만 '한 그릇 더 먹음'이라는 뜻도 있다.

おいしくて二杯(にはい)もおかわりをしました。맛있어서 두 그릇이나 먹었어요.

ご飯(はん)のおかわりは自由(じゆう)です。밥은 자유롭게 더 드실 수 있어요.

Point 1

명사 + **やら** + 명사 + **やら** ~며 ~며, ~니 ~니

형용사 + **やら** + 형용사 + **やら** ~지 ~지, ~기도 하고 ~기도 하고

동사 기본형 + **やら** + 동사 기본형 + **やら** ~하랴 ~하랴

レポートやら試験やら忙しい。 리포트니 시험이니 바빠요.

量も多いやら難しいやら大変だ。 양도 많지, 어렵지, 힘들어요.

レポートを書くやら試験勉強するやら遊ぶ暇がない。 리포트도 쓰랴 시험공부하랴 놀 시간이 없어요.

∷ **~やら**는 '~하랴, ~며, ~니, ~지, ~기도 하고' 등으로 해석되는 어미로 사물이나 사실을 단순히 열거하거나 그 사실을 특별히 어느 쪽이라고 말할 수 없을 때 사용하는 조사다.

★ 작문해 봅시다

お寿司すし 초밥 | てんぷら 튀김 | 記事きじが載のる 기사가 실리다 | 掃除そうじする 청소를 하다 | 洗濯せんたくする 세탁을 하다 | 嬉うれしい 기쁘다 | 恥はずかしい 창피하다 | 電話でんわに出でる 전화를 받다 | ファックスする 팩스를 하다

1 초밥이니 튀김이니 많이 먹었다.

2 신문이며 잡지며 그 기사가 실려 있어.

3 청소하랴 빨래하랴 여자는 힘들다.

4 기쁘기도 하고 창피하기도 하고 아무 말도 못했어요.

5 전화 받으랴 팩스 보내랴 할 일이 많아요.

たとえば 예를 들면, 예를 들어

Point 2

たとえばどんな映画(えいが)が好(す)きですか。 예를 들면 어떤 영화를 좋아하세요?

たとえばホラーのような怖(こわ)い映画が好きです。 예를 들면 호러 같은 무서운 영화를 좋아해요.

:: **たとえば**는 **たとえる**(예를 들다)의 가정형으로 무엇인가를 알기 쉽게 설명하기 위해 구체적인 예를 끌어낼 때 사용되는 표현이다. 그리고 위와 같이 비유의 **~ようだ**와 함께 사용하는 경우도 많다.

★ 작문해 봅시다

こういう 이런 | 場合ばあい 경우 | フェラリー 페라리 | スポーツカー 스포츠카 | 東京大学とうきょうだいがく 도쿄대학 | 名門めいもん 명문 | 競争率きょうそうりつ 경쟁률 | 家族かぞく 가족 | 一ケ月いっかげつの生活費せいかつひ 한 달 생활비

1 예를 들어 이런 경우는 어떻게 해요?

2 예를 들면 페라리 같은 스포츠카를 좋아해요.

3 예를 들면 어떤 일을 하고 싶어요?

4 예를 들면 도쿄대학 같은 명문은 경쟁률이 높아요.

5 예를 들면 4인 가족의 한 달 생활비는 얼마예요?

Point 3

동사 ます형 + **つぽい** ~하는 경향이 있다

い형용사 い 떼고 + **つぽい** ~한 경향이 있다

명사 + **つぽい** ~같다, ~스럽다

父(ちち)は忘(わす)れっぽい人(ひと)です。 아버지는 건망증이 심한 사람이에요.

黒(くろ)っぽい服(ふく) 거뭇한 옷, 거무스름한 옷

考(かんが)え方(かた)が子(こ)どもっぽいです。 사고방식이 아이 같아요.

:: **~っぽい**는 '~같다, ~스럽다'라는 뜻의 접미어로 어떤 성향이 강함을 나타내는 표현이 된다.

★ 작문해 봅시다

小学校しょうがっこう 초등학교 | 6年生ねんせい 6학년 | 大人おとな 어른 | 声こえ 목소리 | 嘘うそ 거짓말 | どうも 아무래도 | ヘアスタイル 헤어스타일, 머리 모양 | おばさん 아줌마 | 顔かお 얼굴 | 外国人 がいこくじん 외국인

1 초등학교 6학년인데 어른스럽네요.

2 그 여자는 목소리가 남자 같아요.

3 그 남자 이야기는 아무래도 거짓말 같아요.

4 헤어스타일이 아줌마 같지 않아요?

5 얼굴은 외국 사람 같아요.

～ば～ほど ～하면 ～할수록

Point **4**

会(あ)えば会(あ)うほど好(す)きになる。 만나면 만날수록 좋아진다.

値段(ねだん)は安(やす)ければ安(やす)いほどいい。 가격은 싸면 쌀수록 좋다.

:: **～ば～ほど**는 조건의 가정법 **～ば**에 사물의 정도나 상태를 나타내는 **～ほど**(~만큼, ~할수록)이 연결된 것으로 같은 단어를 반복해서 어떤 사실을 강조할 때 사용하는 표현이다. 주로 동사와 い형용사가 연결되는 경우가 많고, 특히 い형용사의 경우는 어미 **い → ければ**가 되는 것에 주의하자.

★ 작문해 봅시다

Keyword

考かんがえる 생각하다 | 腹はらが立たつ 화를 내다 | 言葉ことば 말 | 使つかう 쓰다 | 上手じょうずになる 잘하게 되다, 늘다 | 知しる 알다 | 仕事しごと 일 | 返事へんじ 답변 | 早はやい 빠르다 | 家いえ 집 | 広ひろい 넓다

1 생각하면 생각할수록 화가 납니다.

2 말은 쓰면 쓸수록 늘어요.

3 알면 알수록 재미있는 일이에요.

4 답변은 빠르면 빠를수록 좋아요.

5 집은 넓으면 넓을수록 좋아요.

Today's Note

★ 다음 단어를 이용해서 오늘의 경험을 정리해 봅시다.

田中先輩たなかせんぱい 다나카 선배 | 関西弁かんさいべん 관서 사투리 | 困こまる 곤란하다 | ある程度ていど 어느 정도 | 自信じしんがつく 자신이 생기다 | テレビ 텔레비전 | 関東かんとう 관동 | 関西かんさい 관서 | 食たべ物もの 음식 | 違ちがい 차이 | エスカレーター 에스컬레이터 | 左ひだり 왼쪽 | 右みぎ 오른쪽 | 立たつ 서다 | なぜか 왠지 | きっかけに 계기로

오늘 박상우 씨는 또 다나카 선배의 관서 사투리를 몰라서 곤란했다. 어느 정도 일본어에 자신이 생겼지만, 텔레비전에 관서 사투리를 하는 사람이 나오면 전혀 이해할 수 없게 된다. 일본의 관동과 관서는 말이며 음식이며 여러 가지 차이가 있는 것 같다. 예를 들어 에스컬레이터도 도쿄 사람은 왼쪽에 오사카 사람은 오른 쪽에 선다고 한다. 왠지 오사카는 한국 같다. 오늘 일을 계기로 상우 씨는 다나카 선배에게 관서 사투리를 배우기로 했다. 정말 일본어는 공부하면 할수록 재미있는 것 같다.

간단한 관서 사투리

ありがとう	⇒	おおきに	고마워요
すまない	⇒	すまへん	미안해요
こない	⇒	けへん	오지 않아
そうだ	⇒	そうや	그렇다
違(ちが)う	⇒	ちゃう	아냐, 달라
いけない	⇒	あかん	안 돼
本当(ほんとう)	⇒	ほんま	정말
いい	⇒	ええ	좋아
よく	⇒	よう	잘
はやく	⇒	はよう	빨리
おもしろい	⇒	おもろい	재미있다
つらい	⇒	しんどい	힘들다
たいへんだ	⇒	しんどい	힘들다
いらっしゃい	⇒	まいど	어서 오세요
いくら	⇒	なんぼ	얼마
たくさん	⇒	ぎょうさん	많이
マック	⇒	マクド	맥도널드

Situation 21

誘い

유혹

店一番のイケ面、浩先輩。今日は得に機嫌がよさそうだ。

浩　パク君、今度の週末、合コンに誘われた[1]けどいっしょに行かない？

パク・サンウ　合コンですか。僕はちゃんと恋人がいるんですけど。

浩　彼女いてもかまわないよ。一緒に行こう。

パク・サンウ　いや、僕は浮気はしません。

浩　いいじゃん。ただの遊びなんだから。

パク・サンウ　いや、だめです。彼女を裏切るなんてあり得ない[2]です。

浩　彼女も合コンくらいはしていると思うよ。

パク・サンウ　そんなわけない[3]です。彼女は僕一筋ですよ。そんな彼女を裏切るわけにはいきません[3]。先輩は、彼女いないんですか。イケ面だし、もてるんじゃないですか。

浩　よく言われる[1]けど、彼女はいないんだよ。
付き合おうと言ったら、格好良すぎるからだめだと振られた[1]よ。

パク・サンウ　わけ[3]分からないですね。じゃ、先輩はどんな人が好みですか。

浩　俺は、かわいくて、猫をかぶらない子がいいな。だから、いっしょに探しに行こう。パク君。

가게 제일의 꽃미남 히로시 선배. 오늘은 특히 기분이 좋은 것 같다.

히로시　박 군, 이번 주말에 미팅 초대받았는데 같이 가지 않을래?

박상우　미팅이요? 전 엄연히 여자 친구가 있는데요.

히로시　여자 친구 있어도 상관없어. 같이 가자.

박상우　아뇨, 전 바람 안 피워요.

히로시　어때, 그냥 노는 거니까.

박상우　아뇨, 안 돼요. 여자 친구를 배신하다니 있을 수 없는 일이에요.

히로시　여자 친구도 미팅 정도는 할 거야.

박상우　그럴 리 없어요. 제 여자 친구는 저 일편단심이에요. 그런 여자 친구를 배신할 수 없어요. 선배는 여자 친구 없으세요? 얼굴도 핸섬하시고, 인기 많지 않나요?

히로시　그런 말 많이 듣지만, 여자 친구는 없어. 사귀자고 했더니 너무 멋있어서 안 된다고 차였어.

박상우　이해할 수 없네요. 그럼 선배는 어떤 사람이 좋으세요?

히로시　난 예쁘고 내숭 안 떠는 여자가 좋아. 그러니까 같이 찾으러 가자. 박 군!

Word Box

誘さそい 유혹, 꼬임, 권유
イケ面めんだ 잘생겼다
機嫌きげんがいい 기분이 좋다
合ごうコン 미팅 *合同(ごうどう)コンパ(company)의 준말
かまわない 상관없다 *かまう(상관하다)의 부정형
浮気うわきをする 바람을 피우다
ただ 그냥, 그저
遊あそび 노는 것, 놀이
裏切うらぎる 배신하다
～なんて ～하다니
あり得えない 있을 수 없다
そんなわけない 그럴 리 없다
一筋ひとすじ 한 길, 일편단심
～わけにはいかない ～할 수 없다
もてる 인기가 있다
付つき合あう 사귀다
格好良かっこうよすぎる 너무 멋있다
～すぎる 너무 ～하다
振ふられる 차이다
好このみ 취향
猫ねこをかぶる 내숭을 떨다

니혼고 VS 한국어

猫ねこをかぶる VS 내숭을 떨다 (고양이를 뒤집어쓰다)

일본에서는 '내숭을 떨다'라고 할 때 **猫をかぶる**라고 한다. 여러 가지 설이 있으나 호랑이가 고양이 가면을 쓰고 그 난폭함을 감춘다는 말에서 유래했다고 한다.

あの子こは猫ねこをかぶっているのかも知しれないよ。 저 아이는 내숭을 떨고 있는 건지도 몰라.

수동형 ~해지다, ~게 되다, ~받다, ~당하다

Point 1

1Group 동사 어미 → 그 어미가 속한 행의 첫 번째 음 + れる (※ 어미 う → われる)

書(か)く 쓰다 → 書(か)かれる 쓰이다

歌(うた)う 노래 부르다 → 歌(うた)われる 불리다

2Group る 떼고 +られる

食(た)べる 먹다 → 食(た)べられる 먹히다

3Group くる 오다 → こられる 오는 행동을 당하다, (상대방이) 오다

する 하다 → される 당하다

∷ 일본어의 수동형은 동사에 **~れる**, **~られる**를 붙이면 '~해지다, ~하게 되다'라는 의미가 된다. 각 그룹별 활용은 위와 같이 3그룹은 외우고, 2그룹은 어미 る를 떼고 **~られる**를 붙인다. 1그룹의 경우는 어미를 그 어미가 속한 행의 첫 번째 음으로 바꾸고 **~れる**를 연결하는데, 특히 어미가 **う**인 경우는 **~あれる**가 아니라 **~われる**가 되는 것에 주의하자.

★ 작문해 봅시다

部長ぶちょう 부장님 | 誉ほめる 칭찬하다 | 親おや (자기) 부모 | 一度いちども 한 번도 | 叱しかる 야단치다 | 犯人はんにん 범인 | 捕つかまえる 잡다 | プロポーズ 프로포즈 | 断ことわる 거절하다 | 振ふる (이성을) 차다 | 落おち込こむ 침울하다, 의기소침하다

1 부장님께 칭찬을 받아서 기뻤어요.

2 부모님에게 한 번도 야단을 맞은 적이 없어요.

3 범인이 잡혔어요.

4 프로포즈를 거절당했어요.

5 그는 그녀에게 차여서 의기소침해 있어요.

Point 2

명사＋**なんて** ~같은 것

동사＋**なんて** ~하다니

동사＋**なんてあり得(え)ない** ~하다니 있을 수 없다

勉強(べんきょう)なんてしたくない。 공부 같은 것 하고 싶지 않아요.

彼(かれ)がそういうことをするなんて信(しん)じられない。 그가 그런 일을 하다니 믿을 수 없다.

嘘(うそ)をつくなんてあり得(え)ないです。 거짓말을 하다니 있을 수 없어요.

:: **~なんて**는 명사에 연결하면 '~ 등, ~같은 것', 동사에 연결하면 '~하다니'라는 표현이 된다. 또 '동사＋**なんて**＋**あり得ない**(~하다니 있을 수 없다)'의 형태로 많이 쓰인다. 참고로 **あり得ない**는 동사 **ある**가 **得る**(~할 수 있다)의 부정형 **~得ない**에 연결된 것이다.

★ 작문해 봅시다

宝くじ(たからくじ) 복권 | 当たる(あたる) 맞다 | 夢(ゆめ) 꿈 | 奨学金(しょうがくきん) 장학금 | 無理(むり) 무리 | 裏切る(うらぎる) 배신하다 | 家族(かぞく) 가족 | 捨てる(すてる) 버리다

1 텔레비전 같은 거 재미없어요.

2 복권이 맞다니 꿈만 같아.

3 아르바이트를 하면서 장학금을 받다니 저에게는 무리예요.

4 친구를 배신하다니 있을 수 없어요.

5 가족을 버리다니 있을 수 없어요.

Point 3

わけ 이유, 경위, 사연, 사물의 도리, 이치

동사 기본형 + わけない ~할 리 없다

동사 기본형 + わけにはいかない ~할 수 없다

本当(ほんとう)にわけがわかりません。 정말 이유를 알 수 없어요.

彼(かれ)が一人(ひとり)で行(い)くわけない。 그가 혼자 갈 리 없어.

ここで諦(あきら)めるわけにはいきません。 여기서 포기할 수는 없어요.

:: **~わけ**는 우리말 '이유'에 해당하는 표현이지만, 그 의미는 좀 더 포괄적이어서 어떤 일의 '경위, 사정, 사연, 사물의 이치, 도리' 등을 나타낸다. 그래서 주로 동사 **いく**와 함께 써서 **~わけにはいかない**라고 하면 '사정상 혹은 도리상 그렇게 진행할 수 없다'는 의미로 '~할 수 없다, ~할 리 없다'는 숙어가 된다. 단순히 능력이 없어서 '~할 수 없다'라고 할 때는 **~できない**를 사용하고, 어떤 이유나 사정이 있어서 불가능할 때는 **~わけにはいかない**라고 한다.

★ 작문해 봅시다

何なんでも 뭐든 | 犯人はんにん 범인 | 名前なまえ 이름 | 忘わすれる 잊다 | 二股ふたまたをかける 양다리를 걸치다 | 困こまっている 곤경에 처해 있다 | 放ほうっておく 그냥 두다

1 뭐든 이유가 있겠죠.

2 그가 범인이라니 그럴 리 없어요.

3 당신의 이름을 잊어버릴 리가 없지요.

4 애인이 있는데 양다리를 걸칠 수는 없어요.

5 사람이 곤경에 처해 있는데, 그냥 둘 수는 없지요.

Today's Note

★ 다음 단어를 이용해서 오늘의 경험을 정리해 봅시다.

イケ面めん 꽃미남 | 先輩せんぱい 선배 | 合ごうコン 미팅 | 誘さそう 권하다 | 一筋ひとすじ 일편단심 | 断ことわる 거절하다 | かわいい 예쁘다, 귀엽다 | 猫ねこをかぶる 내숭을 떨다 | 格好かっこうよすぎる 너무 멋있다 | 振ふる 차다, 헤어지자고 하다 | わけ 이유 | 弱点じゃくてん 약점 | 引ひく 끌다

오늘 상우 씨는 꽃미남 히로시 선배로부터 주말에 함께 미팅에 가자고 권유를 받았다. 하지만 여자 친구밖에 모르는 상우 씨는 있을 수 없는 일이라고 거절했다. 히로시 선배는 예쁘고 내숭을 떨지 않는 여자를 좋아하는 것 같은데, 여자들에게는 너무 멋있어서 차인다고 한다. 멋있어도 차이다니 정말 이해할 수 없다. 역시 사람은 조금은 빈틈이 있는 사람에게 끌리는 모양이다.

우리말로 해석되지 않는 수동형

우리말에도 '~이/히/리/기'라는 피동형 어미는 있지만 실제로 모든 동사를 피동형으로 만들 수는 없다. 그래서 위와 같이 우리말에 없는 수동형의 경우는 무조건 외워서 사용하는 수밖에 없다. 하지만 표현을 하나하나 외우는 것보다는 어떤 행동이 일어나서 그 행동에 의해 영향이나 피해를 입게 되는 상황을 묘사할 때 '행동의 주체 + に + ~れる / られる'라는 패턴으로 외워서 사용하는 것이 좋다.

言(い)う 말하다 → 言(い)われる ~이 ~라고 말하다, ~라고 듣다
嫌(きら)う 싫어하다 → 嫌(きら)われる ~이 싫어하다, 외면을 당하다
怒(おこ)る 화를 내다 → 怒(おこ)られる ~이 화를 내다, 화냄을 당하다
触(さわ)る 만지다 → 触(さわ)られる ~이 만지다, 만짐을 당하다
入(はい)る 들어오다 → 入(はい)られる ~이 들어오다, 침입을 당하다
降(ふ)る 비가 오다 → 降(ふ)られる 비가 오다, 비를 맞다
泣(な)く 울다 → 泣(な)かれる ~이 울다, 우는 행동을 당하다
騒(さわ)ぐ 소란을 떨다 → 騒(さわ)がれる ~이 소란을 떨다, 소란 떠는 행동을 당하다
死(し)ぬ 죽다 → 死(し)なれる ~이 죽다, 상을 당하다
逃(に)げる 도망치다 → 逃(に)げられる ~이 도망치다, 도망침을 당하다
来(く)る 오다 → 来(こ)られる ~이 오다, 오는 행동을 당하다

이성과 외모에 관한 표현

外見(がいけん) 외모

ブス・ブ男(おとこ) 못생긴 여자, 못생긴 남자

地味(じみ)だ 수수하다

平凡(へいぼん)だ 평범하다

キュートだ 큐트하다, 귀엽다

いやし系(けい) 편안한 형

おしゃれだ 세련되다

スタイルがいい 스타일이 좋다, 날씬하다

派手(はで)だ 화려하다

けばけばしい 야하다, 요란하다

色(いろ)っぽい 섹시하다

上品(じょうひん)だ 품위가 있다

下品(げひん)だ 품위가 없다, 천박하다

魅力的(みりょくてき)だ 매력적이다

知的(ちてき)だ 지적이다

明(あか)るい性格(せいかく) 밝은 성격

背(せ)が高(たか)い 키가 크다

格好(かっこう)いい 성격이 좋다

マチョな人(ひと) 몸이 근육질인 사람

意地悪(いじわる)い人(ひと) 성격이 못된 사람

やさしい人(ひと) 자상한 사람

まじめな人(ひと) 착한 사람

ハンサムな人(ひと) 핸섬한 사람

能力(のうりょく)がある人(ひと) 능력 있는 사람

付(つ)き合(あ)う 사귀다

よそ見(み)をする 한눈을 팔다

浮気(うわき)をする 바람을 피우다

焼(や)きもちを焼(や)く 질투를 하다 (구운 떡을 다시 뒤집어 굽듯이 자꾸 질투를 거듭함)

嫉妬深(しっとぶか)い 질투가 심하다

割(わ)れ鍋(なべ)にとじ蓋(ぶた) 제 눈에 안경 (깨진 냄비도 뚜껑은 있다)

人目惚(ひとめぼ)れする 첫눈에 반하다

お見合(みあ)いをする 맞선을 보다

恋愛結婚(れんあいけっこん) 연애결혼

Situation 22

節分の日

세쓰분

法子　(鬼のお面をかぶって) ジャン！

パク・サンウ　びっくりした。法子さん、それ何ですか。

法子　パクさん、豆まきって[1]知らないの[2]？

パク・サンウ　えっ、豆まきって何ですか。

法子　日本は立春の前の日を節分と言って、春を迎える前に、前年の邪気をはらって福を迎える意味として豆まきをするの[2]。

パク・サンウ　そう言えば[3]学校で習ったような気がするなあ[2]。ところでどうやるんですか。

法子　ジャンケンをして、負けた人が鬼になるのよ[2]。そして他のみんなは「鬼は外、福は内」と言いながら豆を撒くの[2]。

パク・サンウ　おもしろそうですね[2]。僕もやってみたいです。

法子　後、自分の年の数ほど豆を食べるの[2]。

パク・サンウ　豆はなぜ食べるんですか。

法子　よくわからないけど「豆」と「まめまめしい」が同じ発音だから、元気でまめまめしく働けますようにと祈る意味だって[4]。

パク・サンウ　なるほど。じゃ、法子さんは今年、豆何個食べるんですか。

法子　それは、秘密！

노리코　(도깨비 가면을 쓰고) 짜잔!

박상우　깜짝이야. 노리코 씨, 그게 뭐예요?

노리코　상우 씨 마메마키라고 몰라?

박상우　네? 마메마키가 뭐예요.

노리코　일본은 입춘 전날을 세쓰분이라고 해서 봄을 맞이하기 전에, 지난해의 나쁜 기운을 쫓고 복을 맞이하는 의미로 마메마키를 하거든.

박상우　그러고 보니 학교에서 배운 것 같아요. 그런데 어떻게 하는 거예요?

노리코　가위바위보를 해서 진 사람이 악귀가 되는 거야. 그리고 나머지 모두가 "악귀는 나가고 복은 들어와라!"라고 말하면서 콩을 뿌리는 거야.

박상우　재미있겠다. 저도 해 보고 싶어요.

노리코　그리고 자기 나이 수만큼 콩을 먹는 거야.

박상우　콩은 왜 먹어요?

노리코　잘은 모르지만, '콩'하고 '부지런하다'가 같은 발음이기 때문에 건강하게 부지런히 일할 수 있도록 기원하는 의미래.

박상우　그렇군요. 그럼 노리코 씨는 올해 콩 몇 개나 먹나요?

노리코　그건 비밀!

Word Box

節分せつぶん 입춘 전날
鬼おに 도깨비, 악귀
お面めんをかぶる 가면을 쓰다
びっくりした 깜짝 놀랐다
豆まめ 콩
撒まく 뿌리다
立春りっしゅん 입춘
前まえの日ひ 전날
迎むかえる 맞이하다
邪気じゃき 악한 기운
はらう 쫓다, 물리치다
福ふく 복
そう言いえば 참, 그러고 보니
習ならう 배우다
ジャンケン 가위바위보
負まける 지다
外そと 밖
内うち 안
年とし 나이
数かず 숫자, 수
〜ほど 〜만큼
まめまめしい 부지런하다
発音はつおん 발음
祈いのる 기원하다
なるほど 과연, 그렇구나
秘密ひみつ 비밀

니혼고 VS 한국어

ジャンケンをする VS 가위바위보를 하다

가위 · 바위 · 보에 해당하는 이름으로 **グー**(주먹) **· チョキ**(가위) **· パー**(보)가 있지만, 실제 게임을 시작할 때 일본 사람들은 **ジャンケン**이라고 한다. **ジャンケン**은 가위 · 바위 · 보로 승부를 가르는 게임이라는 뜻이기 때문이다. 그리고 비겼을 때는 **アイコでしょ**라고 한다. 그래서 우리말 '가위바위보 (비겼다) 가위바위보 이겼다 ! '라고 할 때는 「**ジャンケンポン。アイコでしょ。ジャンケンポン。勝かった。**」라고 한다.

Point 1

～は→って ～은
～と→って ～라고
～というのは→って ～라고 하는 것은

それは本当(ほんとう)ですか。→それって本当ですか。그것은 정말이에요?

王将(おうしょう)というラーメン屋(や) →王将っていうラーメン屋 오쇼라는 라면 가게

若(わか)いというのはいいですね。→若いっていいですね。젊다는 거 좋네요.

:: 회화에서는 조사들도 변형되는 경우가 많은데, 주격조사 **～は**와 인용 조사 **～と**는 회화 중에 **～って**로 말하는 경우가 많다. 그리고 이 두 조사가 같이 사용된 **～というのは**도 **～って**가 된다.

★ 작문해 봅시다

Keyword

セレブceleb 유명인, 명사 | 意味いみ 의미 | 手続てつづき 수속 | 面倒めんどうくさい 귀찮다 | 家事かじ 가사 | 愛あい 사랑 | 鎮痛剤ちんつうざい 진통제

1 오빠 여자 친구는 누구야?

2 셀레브가 무슨 뜻이야?

3 수속이란 귀찮군요.

4 가사란 힘드네요.

5 사랑이라는 이름의 진통제

종조사

Point 2

～の	これがおいしいの。 이게 맛있는 거야. (단정)
	おいしいの？ 맛있어? (의문)
～ね	おいしいね。 맛있네. (그치?) (감탄, 확인)
～よ	おいしいよ。 맛있어. (강조)
～なあ	おいしいなあ。 맛있네. (감탄, 동의)
～ぞ	やるぞ。 한다. (의지, 결의)
～わ	おいしいわ。 맛있다. (감탄, 놀람)
～かしら	おいしいかしら。 맛있을까? (추측)

:: **～ね**, **～よ**, **～な**, **～わ**, **～の**는 문장의 끝에 붙어 그 표현에 감정이나 어감을 더해 주는 종조사에 해당한다. 위에 있는 종조사들은 일상 회화에서 가장 많이 쓰이는데, 특히 **～わ**나 **～かしら**는 주로 여자들이 많이 사용한다. 자꾸 사용하면서 어감을 익혀 보도록 하자.

★ 작문해 봅시다

何なに 무엇 | さあ 자 | 始はじめる 시작하다 | 暑あつい 덥다

Keyword

1 뭐 해?

2 자, 시작한다. (의지)

3 오늘은 덥네요.(그렇죠?)

4 이거야, 이거.

5 정말일까?

Point 3

そう言[い]えば 그러고 보니, 참

そう言えば、予約[よやく]しなければならない。 그러고 보니 예약해야겠다.

そう言えば、昨日[きのう]妹[いもうと]の誕生日[たんじょうび]だった。 그러고 보니 어제 여동생 생일이었네.

:: **そう言えば**는 직역하면 '그렇게 말하면'이 되지만 우리말 '그러고 보니, 참' 등에 해당하는 표현이다. 상대방과의 대화 중에 잊고 있던 사실이 떠올랐을 때 사용해 보면 좋다.

★ 작문해 봅시다

Keyword

薬くすりを飲のむ 약을 먹다 | この前まえ 요전 | お土産みやげ 여행 선물 | お誕生日たんじょうび (남의) 생일 | ご両親りょうしん (남의) 부모님

1 그러고 보니 약 먹는 거 잊어버렸다.

2 참, 요전에 선물 맛있었어요.

3 참, 오늘 생일 아니에요?

4 그러고 보니 그 가게 같이 간 적 있죠?

5 참, 부모님은 건강하세요?

~そうだ ~라고 한다 → って ~래, ~한대

Point 4

待つそうだ = 待つという 기다린다고 한다 → 待つって。 기다린대.

おいしいそうだ = おいしいという 맛있다고 한다 → おいしいって。 맛있대.

好きだそうだ = 好きだという 좋아한다고 한다 → 好きだって。 좋아한대.

親戚だそうだ = 親戚だという 친척이라고 한다 → 親戚だって。 친척이래.

:: 남한테 들은 내용을 전달하는 전문의 **~そうだ**(~라고 한다)는 **~という**로 바꿔 표현할 수 있으며, **~という**는 앞에서 공부한 것과 같이 회화에서 **~って**가 되므로, 전문의 **~そうだ**(~라고 한다)를 '~래, ~한대'라고 줄여 표현하고 싶을 때는 각 품사의 기본 활용 끝에 **~って**를 연결하면 된다.

★ 작문해 봅시다

Keyword

がっかりする 실망하다 | 物価ぶっか 물가 | 上あがる 오르다 | 親したしい 친하다 | にんじん 당근 | 嫌いやだ 싫다, 좋아하지 않는다

1 실망했대.

2 내년부터 또 물가가 오른대.

3 그녀하고 친하지 않대.

4 당근을 싫어한대.

5 뭐래?

Today's Note

★ 다음 단어를 이용해서 오늘의 경험을 정리해 봅시다.

バイト先さき 아르바이트 하는 곳 | おもちゃ 장난감 | 鬼おにのお面めん 도깨비 가면 | かぶる 쓰다 | 現あらわれる 나타나다 | 立春りっしゅん 입춘 | びっくりする 깜짝 놀라다 | 前日ぜんじつ 전날 | 前年ぜんねん 지난해 | 邪気じゃき 잡귀, 나쁜 기운 | 払はらう 쫓다 | 福ふくを迎むかえる 복을 맞이하다 | 意味いみ 의미 | ～として ～로서 | 豆まめまき 마메마키, 콩 뿌리기 | ジャンケンをする 가위바위보를 하다 | 負まける 지다 | 自分じぶん 자기 | 年としの数かず 나이 수 | ～ほど ～ 만큼 | ～個こ ～개 | ～分ぶん ～분 (분량, 범위) | まめまめしい 부지런하다 | 暮くらす 살다, 생활하다

오늘은 아르바이트 하는 가게의 노리코 씨가 장난감 같은 도깨비 가면을 쓰고 나타나서 상우 씨는 깜짝 놀랐다. 일본은 입춘 전날에 지난해의 나쁜 기운을 쫓고 복을 맞이하는 의미로 마메마키를 한다고 한다. 가위바위보를 해서 진 사람이 도깨비 가면을 쓰고, 모두가 "악귀는 나가고, 복은 들어와라!"라고 하면서 콩을 뿌린다. 그리고 자기 나이만큼 콩을 먹는 것이다. 그러고 보니 올해는 콩을 28개나 먹었다. 28개 만큼 부지런히 살아야지.

일본의 연중행사 관련 표현

お正月(しょうがつ) 설날

元日(がんじつ) 1월 1일, 새해 첫날

初詣(はつもうで) 새해 들어 처음 신사나 절에 참배하는 것

門松(かどまつ) 새해에 문 앞에 장식으로 세우는 소나무

お年玉(としだま) 설날 받는 특별한 용돈, 우리나라의 세뱃돈 같은 것

年神(としがみ) 그 해의 풍작을 비는 신

神棚(かみだな) 집 안에 신위를 모셔 두고 제사 지내는 선반

鏡餅(かがみもち) 설에 신불에게 올리는 크기가 다른 두 개의 동글납작한 떡

節分(せつぶん) 입춘 전날

豆(まめ)まき 콩을 뿌려 잡귀를 쫓는 풍습

鬼(おに)の面(めん) 악귀 가면, 도깨비 가면

恵方(えほう) 그 해의 길한 방향

ひな祭(まつ)り 3월 3일에 여자 아이의 행복을 비는 행사

お花見(はなみ) 꽃구경, 꽃놀이, 벚꽃놀이

こどもの日(ひ) 어린이날

こいのぼり 종이나 천 등으로 잉어 모양을 만들어 기처럼 장대에 높이 다는 것

五月人形(ごがつにんぎょう) 5월 단오절에 사내아이의 성장을 빌며 장식하는 무사 모양의 인형

七夕祭(たなばたまつ)り 칠석제, 견우와 직녀가 만나는 7월 7일

彦星(ひこぼし) 견우성

織(お)り姫(ひめ) 직녀, 직녀성

笹竹(ささたけ) 작은 대나무 종류의 총칭, 조릿대, 갓대

短冊(たんざく) 글씨를 쓰거나 표시로 물건에 붙이는 조붓한 종이

お盆(ぼん) 우란분재, 백중맞이(음력 7월 보름). 돌아가신 조상님들이 돌아온다고 하여 조상님을 마중하고 배웅한다는 의미가 있다

盆踊(ぼんおど)り 백중날 밤에 많은 남녀가 모여서 추는 윤무[원무]

花火大会(はなびたいかい) 불꽃놀이 대회

七五三(しちごさん) 어린이의 성장을 축하하는 잔치 (남자는 3세, 5세, 여자는 3세, 7세 되는 해 11월 15일에 예쁜 기모노를 입혀 근처 신사에 가서 참배하고 기념 촬영을 한다)

大(おお)みそか 섣달 그믐날, 12월 31일

年越(としこ)しそば 섣달 그믐날이나 입춘 전날 밤에 먹는 메밀국수

除夜(じょや)の鐘(かね) 제야의 종

Situation 23

お花見

벚꽃놀이

お花見の場所取りを命じられたパクさんは、浩先輩と朝の7時に待ち合わせをした。

浩　パク君、こっち、こっち。

パク・サンウ　おはようございます。遅くなってすいません。道に迷っちゃって。

浩　いいよ。俺も来たばかりだから。で、場所はどこにしようか。

パク・サンウ　あそこ、どうですか。木の真下だし、まだ開いているみたいですよ。

浩　あそこはさ、街灯がないじゃん❶。宴会は夜だから日が暮れると暗くなっちゃうよ。

パク・サンウ　さすが、先輩。じゃ、あそこはどうですか。コンビニのそば。

浩　そうだね。買い足しやすいし、トイレも借りられると思う。よし、決めた。あそこにしよう。

＜夜7時＞

店長　乾杯。やっぱり花見と言えば何といっても❷宴会ですね。今日私たちのために朝早くから来て、こんなにすばらしい場所を取ってくれた浩君とパク君に拍手！

浩　いいえ、とんでもないです。やるべき❸ことをやっただけ❹です。

パク・サンウ　みなさんが盛り上がっているから、僕たちも嬉しいです。僕、花見は今日初めてですが、なぜ「花より団子」というのか、よく分かりました。

店長　そうか、だったら、もっと飲めよ。

벚꽃놀이 장소 확보를 명받은 상우 씨는 히로시 선배와 아침 7시에 만나기로 약속했다.

히로시　박 군, 여기.

박상우　안녕하세요. 늦어서 죄송해요. 길을 헤매서….

히로시　괜찮아. 나도 막 왔어. 그런데 장소는 어디로 할까?

박상우　저기 어때요? 나무 바로 아래고 아직 비어 있는 것 같은데요.

히로시　저긴 가로등이 없잖아. 연회는 밤에 하니까 해가 지면 깜깜해질거야.

박상우　과연, 선배님이십니다. 그럼 저기는 어때요? 편의점 옆에.

히로시　맞다. 물건 사기도 쉽고, 화장실도 빌릴 수 있을 것 같다. 좋아, 정했다. 저기로 하자.

〈저녁 7시〉

점장　건배! 역시 벚꽃놀이하면 뭐니 뭐니 해도 연회지요. 오늘 우리들을 위해 아침 일찍부터 와서 이런 멋진 장소를 맡아 준 히로시 군과 박 군에게 박수!

히로시　별 말씀을요. 해야 할 일을 한 것뿐입니다.

박상우　여러분이 흥겨워하시니까 저희도 기뻐요. 저 벚꽃놀이는 오늘 처음인데, 왜 '꽃보다 경단'이라고 하는지 잘 알았어요.

점장　그래, 그럼 더 마셔.

Word Box

お花見はなみ 꽃놀이, 꽃구경
場所取ばしょとり 장소 확보
命めいじられる 명령을 받다
待まち合あわせをする 장소를 정해 만나기로 약속하다
迷まよう 길을 잃다, 헤매다, 망설이다
場所ばしょ 장소
木き 나무
真下ました 바로 아래
開あく 비다, 나다
街灯がいとう 가로등
宴会えんかい 연회
日ひが暮くれる 해가 지다
さすが 과연
コンビニ 편의점
傍そば 옆
買かい足たす 사서 부족을 채우다
借かりる 빌리다
よし 좋아
決定けってい 결정
乾杯かんぱい 건배
すばらしい 멋지다, 훌륭하다
拍手はくしゅ 박수
とんでもない 당치도 않다, 천만에
盛もり上あがる 분위기가 고조되다
花はなより団子だんご 꽃보다 경단, 금강산도 식후경
だったら 그럼, 그렇다면

니혼고 VS 한국어

花はなより団子だんご VS 금강산도 식후경

우리말 '금강산도 식후경'에 비유할 수 있는 표현으로, 벚꽃놀이에 가서 예쁜 벚꽃보다는 술이나 연회를 더 즐기는 것을 이르는 말이다.

~ない→~ん

Point 1

分(わ)からない→分(わ)からん 몰라

いいじゃない→いいじゃん 좋잖아

:: 부정형 어미 **ない**는 회화체에서 **ん**이 되는 경우가 있다. 그래서 자신의 생각을 상대방에게 확인하는 표현 **～じゃない**(p.166 참조)도 **～じゃん**의 형태가 되어 특히 젊은이들 사이에서 많이 사용되고 있다.

★ 작문해 봅시다

後悔こうかい 후회 | 知しる 알다 | 俺おれ 나(성인 남자가 주로 쓰는 말) | 悪わるい 나쁘다 | やる 하다 | 恥はずかしい 부끄럽다

1 후회해도 몰라.

2 미안, 내가 나빴어.

3 여기 있잖아.

4 하니까(하면) 할 수 있잖아.

5 부끄럽잖아.

～と言(い)えば(何(なん)と言(い)っても) ～하면 (뭐니 뭐니 해도)

Point 2

花見(はなみ)と言(い)えば(何(なん)と言(い)っても)宴会(えんかい)だ。 벚꽃놀이라고 하면 (뭐니 뭐니 해도) 연회다.

花見と言えばやっぱり宴会だ。 벚꽃놀이라면 역시 연회다.

:: 우리는 어떤 범위 안에서 제일 대표적인 것을 제시할 때 '~라고 하면 뭐니 뭐니 해도'라고 **何**なん(뭐)를 강조해서 두 번 말하지만, 일본어는 그냥 **～と言えば何と言っても**라고 한다. 그리고 실제 회화에서는 **何と言っても**를 생략하는 경우도 있고, **やっぱり**를 첨가해서 **～と言えばやっぱり～**(~라고 하면 역시 ~)라고 하는 경우도 많다.

★ 작문해 봅시다

Keyword

夏なつ 여름 | 花火はなび 불꽃놀이 | 京都きょうと 교토 | 金閣寺きんかくじ 금각사 | オリンピック 올림픽 | マラソン 마라톤 | 演歌えんか 트로트 | 美空みそらひばり 미소라히바리 | たこ焼やき 다코야키 | 大阪おおさか 오사카

1 여름 하면 뭐니 뭐니 해도 불꽃놀이예요.

2 교토 하면 뭐니 뭐니 해도 금각사예요.

3 올림픽 하면 뭐니 뭐니 해도 마라톤이에요.

4 트로트 하면 역시 미소라 히바리예요.

5 다코야키 하면 오사카예요.

Point 3

동사 기본형 + べき(だ) ~해야 한다

守(まも)るべきルール 지켜야할 규칙

ルールを守(まも)るべきだ。 규칙을 지켜야 한다.

ルールを守(まも)るべきだった。 규칙을 지켜야 했다.

ルールを破(やぶ)るべきではない。 규칙을 어기면 안 된다.

:: **~べき(だ)**는 '당연함, 타당함, 의무' 등을 나타내는 조동사로 '동사 기본형 + べき(だ)'의 형태로 '~해야만 한다'라는 표현이 된다. 보통 회화 때는 **~なければならない**(~(하)지 않으면 안 된다)를 많이 사용하는데, 이에 비해 **~べき(だ)**는 문어적인 표현이다. 그래서 회화에서 **~べき(だ)**를 사용하면 좀 더 그 타당성이나 의무를 강조하는 느낌이 된다.

★ 작문해 봅시다

出発しゅっぱつする 출발하다 | 出会であう 만나다 | 運命うんめい 운명 | 相手あいて 상대방 | 立場たちば 입장 | 考かんがえる 생각하다 | 笑わらう 웃다 | 裏うら 뒤, 속 | 悪口わるくちを言いう 욕을 하다 | 本人ほんにん 본인

1 조금 더 일찍 집을 출발했어야 했다.

2 우리는 만나야만 할 운명이었다.

3 상대방의 입장도 생각해야 한다.

4 이럴 때 웃으면 안 돼.

5 뒤에서 욕하지 말고 본인에게 말해야 한다.

Point 4

～だけだ ～할 뿐이다 (각 품사의 기본 활용형에 연결)

동사 + だけだ

聞(き)くだけです。 들을 뿐입니다.

い형용사 + だけだ

安(やす)いだけです。 쌀 뿐입니다.

な형용사 だ → な + だけだ

嫌(いや)なだけです。 싫을 뿐입니다.

:: **～だけ**(~만, ~뿐)는 각 품사의 현재형에 연결하면 '~할 뿐이다'라는 표현이 되고, 과거형에 연결하면 '~했을 뿐이다'라는 표현이 된다. な형용사는 **～なだけだ**가 된다는 점에 주의하자. 아울러 **～だけだ** 자체의 활용 형태도 같이 외워 두면 유창한 회화에 도움이 될 것이다.
※**～だけだ**의 활용 형태: **～だけで**(~것만으로, ~할 뿐이고), **～だけではなく**(~뿐 아니라), **～だけなのに**(~할 뿐인데), **～だけだから**(~할 뿐이니까)

★ 작문해 봅시다

Keyword

無事ぶじ 무사 | 祈いのる 기도하다 | ぶつかる 부딪히다 | 感想かんそう 감상 | デザイン 디자인 | 珍めずらしい 특이하다 | 言葉ことば 말 | 文化ぶんか 문화

1 무사를 기원할 뿐입니다.

2 조금 부딪혔을 뿐인데 그렇게 아파요?

3 그저 제 감상을 말했을 뿐입니다.

4 디자인이 특이할 뿐입니다.

5 그는 말을 잘할 뿐 일본 문화는 전혀 몰라요.

Today's Note

★ 다음 단어를 이용해서 오늘의 경험을 정리해 봅시다.

Keyword

花見はなみ 벚꽃놀이 | 宴会えんかい 연회 | 違ちがう 다르다 | 桜さくらの木き 벚나무 | 真下ました 바로 아래 | 場所ばしょ 장소 | 集あつまり 모임 | 一番いちばん 제일 | やる 하다 | 場所ばしょ取とり 장소 확보, 자리 잡기 | 命めいじられる 명을 받다 | 待まち合あわせる 장소를 정해 만나기로 약속하다 | 全員ぜんいん 전원 | 座すわる 앉다 | ところ 곳 | 探さがす 찾다 | 決きめる 정하다 | 照明しょうめい 조명 | トイレ 화장실 | いろいろなこと 여러 가지 것 | 考かんがえる 생각하다 | いよいよ 드디어 | 始はじまる 시작되다 | 夜桜 よざくら 밤 벚꽃 | 雰囲気ふんいき 분위기 | 盛もり上あがる 고조되다 | 楽たのしい 즐겁다 | 苦労くろうをする 고생하다 | 喜よろこぶ 좋아하다, 기뻐하다 | 嬉うれしい 기쁘다

일본에서는 벚꽃놀이 하면 뭐니 뭐니 해도 연회다. 일본은 한국과는 달리 벚나무 바로 아래에서 연회를 할 수 있다. 그리고 그 연회의 준비는 그 모임에서 제일 아랫사람이 해야 하는 것으로 되어 있다. 그래서 장소 확보를 명받은 상우 씨는 아침 7시에 히로시 선배와 만나기로 약속을 했다. 상우 씨는 그저 전원이 앉을 수 있는 곳을 찾고 있었는데, 장소를 정하기 위해서는 조명이나 화장실 등 여러 가지를 고려해야 했다. 밤이 되어 드디어 연회가 시작됐다. 밤 벚꽃에, 술에, 분위기가 무르익어 정말 즐거웠다. 아침에 조금 고생을 한 것뿐인데 모두가 좋아해서 상우 씨도 무척 기뻤다.

벚꽃 관련 표현

夜桜(よざくら) 밤 벚꽃

染井吉野(そめいよしの) 일본에서 제일 많이 볼 수 있는 벚꽃의 종류

枝垂れ桜(しだれざくら) 수양벚꽃, 버드나무처럼 가지가 늘어지는 벚꽃

開花予想(かいかよそう) 개화 예상(예보)

桜前線(さくらぜんせん) 벚꽃 전선

桜の便り(さくらのたより) 벚꽃 소식

5分咲き(ぶざき) 50퍼센트 개화한 것

満開(まんかい) 만개

花びら(はなびら) 꽃잎

桜吹雪(さくらふぶき) 벚꽃 잎이 눈보라처럼 흩날리는 것

花冷え(はなびえ) 꽃샘추위

サクラ 바람잡이. 벚꽃이 한 번에 지는 것처럼 단속이 나타나면 여러 명이 한 번에 사라지기 때문에 생긴 속어

Situation 24

夏祭り

여름 축제

店長　今日も朝から蒸し暑いな。韓国に比べて❶どう？どっちが暑い？

パク・サンウ　日本の方が湿気が多いから、もっと暑く感じるけど、僕は暑さ❷に強いから大丈夫です。

店長　ああ、そう。でも、若いからと言って❸あまり無理するな❺よ。夏バテしないように、気をつけな❹よ。

パク・サンウ　はい。でも、日本の夏は祭りがあるから、いいなあと思います。去年も花火大会に行ったんですが、きれいな花火と浴衣姿の女の子たちを見ていたら暑さ❷など忘れちゃいました。

店長　ははは、そう。じゃ、明日この商店街で盆踊りをやるらしいから、行ってみな❹。たぶん浴衣のお姉ちゃんたちたくさんいるはずだから。

パク・サンウ　本当ですか。ところで、店長、盆踊りはどんな意味があるんですか。

店長　そうだね。昔はお盆に戻ってきたご先祖様を、あの世に見送るという意味があったと聞いたけど、最近はただの夏祭りにすぎない❻と思うよ。よく分からない。難しい質問はするな❺。勉強だから自分で調べてみろ❹。

점장 오늘도 아침부터 찐다. 한국하고 비교해서 어때? 어디가 더워?

박상우 일본 쪽이 습기가 많아서 더 덥지만, 전 더위에 강해서 괜찮아요.

점장 어, 그래. 그래도 젊다고 너무 무리하지 마라. 더위 먹지 않게 조심하고.

박상우 네. 그래도 일본 여름은 축제가 있어서 좋은 것 같아요. 작년에도 불꽃놀이 대회에 갔었는데, 예쁜 불꽃이랑 유카타 차림의 여자애들을 보고 있었더니 더위 같은 건 잊어버렸어요.

점장 하하, 그래. 그럼 내일 여기 상점가에서 백중맞이 춤을 출 모양이니까, 가 봐. 아마 유카타 입은 언니들도 많을 테니까.

박상우 정말요? 그런데 점장님 배중맞이 춤은 무슨 의미가 있나요?

점장 글쎄…. 옛날에는 백중날 돌아온 조상님들을 저세상으로 배웅하는 의미가 있었다고 들었는데, 요즘은 그냥 여름 축제에 지나지 않는 것 같아. 잘 모르겠다. 어려운 질문은 하지 마. 공부니까 스스로 찾아 봐.

Word Box

夏祭なつまつり 여름 축제
蒸むし暑あつい 무덥다
比くらべる 비교하다
湿気しっけ 습기
多おおい 많다
暑あつさ 더위
~に強つよい ~에 강하다
若わかい 젊다, 어리다
あまり 너무
無理むりする 무리하다
夏なつバテする 더위를 먹다[타다]
気きをつける 조심하다
花火はなび 불꽃놀이
浴衣ゆかた 두루마기 모양의 긴 무명 홑옷, 여름철에 평상복으로 입을 수 있는 전통 의상
姿すがた 모습
商店街しょうてんがい 상점가, 상가
盆踊ぼんおどり 백중날 밤에 추는 원무
たぶん 아마
昔むかし 옛날
ご先祖様せんぞさま 조상님
あの世よ 저세상
見送みおくる 배웅하다
~にすぎない ~에 지나지 않다
自分じぶんで 스스로
調しらべる 알아보다

니혼고 VS 한국어

夏なつバテする VS 더위를 타다, 더위를 먹다

夏バテする는 **夏**(여름)에 **ばてる**(지치다, 녹초가 되다)를 연결한 것으로 '더위를 타다, 더위를 먹다'라는 표현이 된다. 우리말을 그대로 해서 **暑あつさにのる, 暑さをたべる**라고 하지 않도록 하자. 또 일본에는 우리의 복날에 해당하는 **土用どようの丑うしの日ひ**(입추 전 18일 간 가장 더운 날)라는 것이 있어 이날은 모두 **うなぎ**(장어)를 먹는다.

～に比(くら)べて ～에 비교해서
～に比べられない ～에 비교할 수 없다

Point 1

日本(にほん)は韓国(かんこく)に比べてもっと暑(あつ)い。 일본은 한국에 비해서 더 덥다.

日本は韓国に比べられないくらい暑い。 일본은 한국에 비교할 수 없을 정도로 덥다.

:: **～に比べる**는 하나 이상의 대상을 서로 비교할 때 사용할 수 있는 표현으로 2그룹 동사 활용을 하지만, 특히 **～に比べて**(~에 비해서), **～に比べられない**(~에 비교할 수 없다)는 회화에서 많이 사용되는 표현이니 통째로 외워 두는 것이 좋다.

★ 작문해 봅시다

Keyword

年とし 나이 | 若わかい 젊다 | 見みえる 보이다 | 収入しゅうにゅう 수입 | 貯金ちょきん 저축 | 少すくない 적다 | 今年ことし 올해 | 例年れいねん 예년 | 多おおい 많다 | 本物ほんもの 진품 | 他ほかの店みせ 다른 가게

1 나이에 비해서 젊어 보입니다.

2 수입에 비해서 저축이 적군요.

3 올해는 예년에 비해 비가 많습니다.

4 진품에 비해 무거워요.

5 다른 가게와 비교할 수 없을 정도로 맛있어요.

Point 2

～さ (형용사의 명사형 어미)

① 大(おお)きい 크다 → 大(おお)きさ 크기　　長(なが)い 길다 → 長(なが)さ 길이

広(ひろ)い 넓다 → 広(ひろ)さ 넓이　　いい 좋다 → よさ 좋음, 장점

② 悲(かな)しい 슬프다 → 悲(かな)しさ 슬픔　　悲(かな)しむ 슬퍼하다 → 悲(かな)しみ 슬픔

楽(たの)しい 즐겁다 → 楽(たの)しさ 즐거움　　楽(たの)しむ 즐기다 → 楽(たの)しみ 즐거움, 기대

:: **～さ**는 명사형 어미로 い형용사를 명사로 만들고 싶으면 어미 **い**를 떼고 **さ**를 붙이면 된다. 대부분의 い형용사는 ①와 같이 명사형이 하나이지만, ②와 같이 형용사 중에서 파생동사가 있는 경우는 형용사에 **～さ**를 붙이는 경우와 그 동사를 ます형으로 해서 만드는 명사형(p.136 참조)이 있어 결국 명사형이 두 개가 된다. 형용사를 명사로 바꾸고 싶을 때는 모두 **～さ**를 붙이면 되고 **～み**가 붙는 경우는 대체로 정해진 관용구에서 사용되니까 그것을 외워서 사용하면 된다.

★ 작문해 봅시다

Keyword

かわいらしい 귀엽다, 사랑스럽다 | 自分じぶん 자신 | 弱よわい 약하다 | 実感じっかんする 실감하다 | 試合しあい 시합 | 逆転ぎゃくてん 역전 | 最後さいご 마지막 | 責任せきにん 책임 | 重おもい 무겁다 | 感かんじる 느끼다 | 楽たのしみだ 기대되다

1 저 아이는 귀염성이 없다.

2 자신의 나약함을 실감했다.

3 스포츠는 역전의 재미가 있다.

4 마지막은 어떻게 될지 기대된다.

5 책임의 무게를 느꼈다.

Point 3

～からと言(い)って　～하다고 해서

若(わか)いからと言って無理(むり)しないで。 젊다고 무리하지 마.

子供(こども)だからと言って許(ゆる)されるわけにはいかない。 아이라고 용서받지는 못한다.

ほしいからと言って要(い)らないものを買(か)うのはよくない。
갖고 싶다고 필요 없는 물건을 사는 것은 좋지 않다.

∷ 우리말 '~하다고'를 일본어로 하려면 갑자기 어려운 생각이 들 수 있겠지만, 이것이 이유를 나타내는 표현이라는 것을 느낄 수만 있으면 이 표현은 그다지 어려운 표현이 아니다. 즉 '~하다고'는 '~하다고 해서', '~하니까 라고 해서'와 같은 뜻이고, 이때 '하다'는 **言う**(말하다)의 축약형이니까 이것을 그대로 일본어로 하면 **～からと言って**가 되는 것이다.

★ 작문해 봅시다

Keyword
親(した)しい 친하다 | 無礼(ぶれい)だ 무례하다 | 行動(こうどう)を取(と)る 행동을 하다 | 知識(ちしき) 지식 | 頭(あたま) 머리 | 大変(たいへん)だ 힘들다 | 諦(あきら)める 포기하다 | 金持(かねも)ち 부자 | 幸(しあわ)せだ 행복하다

1 친하다고 해서 무례한 행동을 해서는 안 된다.

2 지식이 많다고 해서 머리가 좋다고는 할 수 없다.

3 힘들다고 포기해서는 안 된다.

4 부자라고 모두가 행복하지는 않다.

5 학생이라고 해서 공부만 하는 것은 좋지 않다.

명령형

Point 4

〈강한 명령〉

1Group 동사의 어미 → 어미가 속한 행의 네 번째 음

行(い)く 가다 → 行け 가, 가라

2Group る 떼고 + ろ

寝(ね)る 자다 → 寝ろ 자, 자라

3Group 암기

来(く)る 오다 → 来(こ)い 와, 와라

する 하다 → しろ 해, 해라

〈부드러운 명령〉

① 동사 ます형 + な

行(い)く 가다 → 行きます 갑니다 → 行きな 가, 가거라

② ～て

聞(き)く 듣다 → 聞いてください 들으세요 → 聞いて 들어

食(た)べる 먹다 → 食べてください 드세요 → 食べて 먹어

:: 다른 사람에게 지시나 명령을 할 때 '~하십시오, ~하세요, ~해요, ~해, ~해라'와 같이 우리말도 그 표현이나 어투에 따라 강요의 정도가 달라지듯이 일본어도 '강한 명령형'과 '부드러운 명령형'이 있다. 강한 명령의 경우 각 그룹별 활용 형태는 위와 같고, 부드러운 명령의 경우는 동사의 'ます형'으로 해서 **な**를 붙이거나 **～てください**에서 **ください**를 생략하는 방법이 있다.

★ 작문해 봅시다

Keyword

待まつ 기다리다 | 早はやく 빨리 | こっち 이쪽 | ゆっくり 천천히 | お父とうさん 아버지 | 頼たのむ 부탁하다 | がんばる 힘내다 | 寝ねる 자다 | 読よむ 읽다 | もう 이제 | 止やめる 그만두다 | 逃にげる 도망치다

1 잠깐만 기다려. (강한 명령)

2 빨리 해. (강한 명령)

3 이쪽으로 와. (강한 명령)

4 천천히 먹어. (부드러운 명령)

5 아버지에게 부탁해. (부드러운 명령)

6 힘 내! (강한 명령)

7 빨리 자라. (부드러운 명령)

8 책을 읽으렴. (부드러운 명령)

9 이제 그만 해! (강한 명령)

10 도망쳐! (강한 명령)

금지의 명령형 ~하지 마(라)

Point 5

① ~ないで(ください)

聞(き)く 듣다 → 聞(き)かないでください 듣지 마세요 → 聞(き)かないで 듣지 마

② 동사 기본형 + な

行(い)く 가다 → 行(い)くな 가지 마, 가지 마라

:: 상대방의 행동을 금지하는 명령형의 표현은 동사의 부정형을 이용한 **~ないでください**에서 **ください**를 생략하고 짧게 **~ないで**로 하면 된다. 그리고 그냥 동사의 기본형에 **な**를 붙이는 방법이 있으나 이것은 훨씬 강한 느낌의 명령이므로 리스닝을 위해서는 알아 둘 필요가 있지만, 상대방에게는 쓰지 않는 것이 좋다. 또 부드러운 명령형인 '동사 ます형 + **な**'와 비슷하므로 구별해서 외워 두자.

★ 작문해 봅시다

Keyword

心配(しんぱい)する 걱정하다 | ぜったい 절대 | 気(き)にする 신경 쓰다 | ふざける 까불다

1 보지 마.

2 걱정하지 마.

3 절대 말하지 마.

4 신경 쓰지 마.

5 까불지 마.

～に過ぎない ～에 지나지 않다, ～에 불과하다

Point 6

想像に過ぎない。 상상에 불과하다.

それは理論に過ぎないと思います。 그것은 이론에 불과하다고 생각합니다.

その話は噂に過ぎない。 그 이야기는 소문에 불과하다.

:: **過すぎる**는 '장소를 통과하다, 시간이 경과하다, 지나다'라는 뜻으로 쓰이는 경우도 많지만 조사 **～に** 뒤에 부정형으로 연결하여 **～に過ぎない**라고 하면 '~에 지나지 않다, ~에 불과하다'라는 뜻이 된다. 숙어로 알아 두고 어떤 대상이 '그냥 ~일 뿐이다, 그 이상은 아니다'라고 할 때 사용하면 좋다.

★ 작문해 봅시다

始はじまり 시작 | 前半戦ぜんはんせん 전반전 | 一方的いっぽうてき 일방적 | 推測すいそく 추측 | しっかりしている 야무지다 | お小遣こづかい 용돈 | 程度ていど 정도 | 受うけ取とる 받다

1 그것은 시작에 지나지 않았다.

2 아직 전반전에 불과하다.

3 일방적인 추측에 불과해요.

4 초등학생에 불과하지만 야무지다.

5 용돈 정도에 불과하지만 받아 주세요.

Today's Note

★ 다음 단어를 이용해서 오늘의 경험을 정리해 봅시다.

夏なつ 여름 | 湿気しっけ 습기 | 蒸むし暑あつい 무덥다 | 今朝けさ 오늘 아침 | 店長てんちょう 점장 | ～について ～에 대해서 | 若わかい 젊다 | 無理むりする 무리하다 | 心配しんぱいする 걱정하다 | たしかに 확실히, 분명히 | 忘わすれる 잊다 | 昔むかし 옛날 | 花火はなび大会たいかい 불꽃놀이 대회 | 盆踊ぼんおどり 백중맞이 춤 | 夏祭なつまつり 여름 축제 | 浴衣ゆかた 유카타 | 若者わかもの 젊은이 | 彼かれら 그들 | ファッション 패션 | 国くに 나라 | 伝統衣装でんとういしょう 전통 의상 | 楽たのしむ 즐기다 | 強つよい 강하다

일본의 여름은 한국에 비해 습기가 많기 때문에 아주 무덥다. 오늘 아침은 점장님하고 더위에 대해 여러 가지 이야기를 했다. 점장님은 젊다고 해서 너무 무리하지 말라고 걱정해 주었다.
일본의 여름은 확실히 덥다. 그래서 일본 사람들은 그 더위를 잊기 위해 옛날부터 불꽃놀이 대회나 백중맞이 춤 같은 여름 축제를 해 왔는지도 모르겠다. 그리고 또 여름 축제 때는 유카타를 입는 젊은이들이 많다. 그들에게는 패션의 하나에 지나지 않을지도 모른다. 그래도 자기 나라의 전통 의상을 즐기는 일본의 젊은이들을 보면서 상우 씨는 이것이 일본의 강점이 아닌가 하고 생각했다.

Situation

25 部屋探し

방 구하기

不動産　どんなお部屋をお探しですか。

パク・サンウ　はい、なるべく[1]駅から近くて安い部屋はないですか。

不動産　ご予算は？

パク・サンウ　６万から７万くらいです。

不動産　こちらの１Kか１Ｒはいかがですか。どちらも駅まで徒歩10分くらいです。

パク・サンウ　１Rと１Kはどう違いますか。

不動産　１Rは1部屋と台所との仕切りがないんですが、１Kは仕切りで部屋と台所を分けてあります[2]。

パク・サンウ　つまり１Kのケーはキチンということ[3]ですね。じゃ、この1LDKは部屋が一つで、リビングとダイニングキッチンがあるということ[3]ですか。

不動産　はい、そういうことです。それはマンションタイプで、エアコンも付いていて[2]、バスとトイレが別々で、インターネットも入っている[2]んです。ここは家賃７万5千ですね。

パク・サンウ　いいですね。ところで実際契約の時、必要なお金はいくらですか。

不動産　敷金と礼金が1ヶ月ずつで、前家賃と仲介手数料がそれぞれ1ヶ月ずつですから、家賃かける４ヶ月分です。後、保証人が必要ですが。

パク・サンウ　それは大丈夫です。友だちのお父さんに頼んであります[2]。

不動産　じゃ、ここご覧になりますか。間違いなく[4]気に入ると思いますよ。

부동산	어떤 방을 찾으세요?
박상우	네, 가능하면 역에서 가깝고 싼 방 없나요?
부동산	예산은요?
박상우	6만에서 7만 엔 정도요.
부동산	이 1K나 1R은 어떠세요? 둘 다 역까지 걸어서 10분 정도예요.
박상우	1R하고 1K은 어떻게 달라요?
부동산	1R은 방하고 부엌하고 구분이 없지만, 1K는 칸막이로 방하고 부엌이 나뉘어 있어요.
박상우	즉 1K의 K는 키친이라는 거군요. 그럼 이 1LDK는 방 하나에 리빙룸하고 다이닝 키친이 있다는 건가요?
부동산	네, 그런 의미예요. 그것은 맨션 타입으로 에어컨도 붙어 있고, 욕실하고 화장실이 따로 되어 있고 인터넷도 들어가 있어요. 여기는 월세가 7만5천 엔이네요.
박상우	괜찮네요. 그런데, 실제 계약 때 필요한 돈은 얼마예요?
부동산	보증금과 사례금 1개월씩, 선불 월세와 중개 수수료가 각각 1개월씩이니까, 월세 곱하기 4개월분이에요. 그리고 보증인이 필요한데.
박상우	그건 괜찮아요. 친구 아버님에게 부탁해 놨거든요.
부동산	그럼 여기 보시겠어요? 틀림없이 마음에 드실 거예요.

Word Box

探さがす 찾다
なるべく 되도록, 가능한 한
予算よさん 예산
徒歩とほ 도보
台所だいどころ 부엌
仕切しきり 칸을 막음, 칸막이
分わける 나누다
つまり 즉, 다시 말해서
リビング 거실, 리빙 룸의 준말
ダイニングキッチン 부엌과 식당을 겸하는 방
マンションタイプ 맨션 타입
バス 욕실
別々べつべつ 따로따로
家賃やちん 집세
敷金しききん 보증금
礼金れいきん 사례금
前家賃まえやちん 선불 월세
仲介ちゅうかい 소개, 중개
手数料てすうりょう 수수료
それぞれ 각각
かける 곱하다
〜ヶ月かげつ 〜개월
保証人ほしょうにん 보증인
頼たのむ 부탁하다
間違まちがいなく 틀림없이
気きに入いる 마음에 들다

니혼고 VS 한국어

大家(おおや) **VS** 집주인

'주인'이라는 한자를 그대로 음독해서 **主人**しゅじん이라고 하면 이것은 '자기 남편'이라는 뜻이 된다. 그럼 우리말 '주인'에 해당하는 일본어는 무엇일까? 일반적으로 어떤 대상을 소유하고 있는 사람이라는 뜻의 '주인'은 일본어로 **主**ぬし이다. 하지만 집주인이라고 할 때는 특별히 **大家**おおや라고 한다는 것을 알아 두자.

持(も)ち主(ぬし) 소유주, 소유자
主人(しゅじん) 자기 남편
犬(いぬ)の飼(か)い主(ぬし) 개 주인(키우는 사람)
ご主人 남의 남편

Point 1

なるべく 될 수 있으면, 될 수 있는 한

なるべく野菜を食べてください。 될 수 있는 한 야채를 드세요.

なるべく早くお願いします。 될 수 있는 한 빨리 부탁합니다.

なるべくエアコンを使わないでください。 될 수 있는 한 에어컨을 사용하지 말아 주세요.

なるべく画面サイズを小さくしてご覧ください。 될 수 있는 한 화면 크기를 작게 해서 보세요.

:: 동사 **なる**에 추측을 나타내는 고어 **～べく**가 연결되어 '될 수 있으면, 될 수 있는 한'이라는 표현이 된 것이다. 암기는 통째로 하는 것이 좋고 **できれば**(가능하면)나 **できるだけ**(가능한 한)과 바꿔 표현할 수 있다.

★ 작문해 봅시다

荷物にもつ 짐 | 少すくない 적다 | 方ほう 편, 쪽 | 水分すいぶんを取とる 수분을 취하다 | 減へらす 줄이다 | 無理むりする 무리하다 | 教室きょうしつ 교실 | 使つかう 사용하다

1 짐은 될 수 있으면 적은 편이 좋아요.

2 될 수 있으면 수분을 취하세요.

3 될 수 있으면 담배를 줄이려고 하고 있어요.

4 될 수 있으면 무리하지 않도록 하고 있어요.

5 교실에서는 될 수 있으면 일본어를 쓰세요.

자동사 + ている & 타동사 + てある

Point 2

あ、ドアが開(あ)いていますよ。 어, 문이 열려 있어요.

暑(あつ)いからドアは開(あ)けてあります。 더워서 문은 열어 두었어요.

:: 우리말 '있다'에 해당하는 일본어는 **ある, いる** 두 가지가 있다. 이것은 존재의 사실을 나타낼 뿐 아니라 다른 동사와 함께 '~고 있다(진행)', '~아/어 있다(상태)'의 표현을 만드는데, 진행의 경우는 **~ている**가 되지만 상태의 경우는 **~ている**나 **~てある**의 두 가지 표현이 있기 때문에 이를 구분해서 사용할 수 있어야 한다. 단순히 그 상태를 처음 발견했거나, 느꼈을 때는 '자동사 + **ている**'를 사용하고, 그 상태가 의도된 상태, 준비된 상태로 우리말 '~해 두었다'로 바꿔 표현할 수 있는 경우는 '타동사 + **てある**'를 사용하면 된다.

★ 작문해 봅시다

資料しりょう 자료 | 人数分にんずうぶん 인원수 만큼의 분량 | コピーする 복사하다 | 封筒ふうとう 봉투 | プレゼント 선물 | 用意ようい する 준비하다 | 閉しまる 닫히다 | エアコンを付つける 에어컨을 켜다 | 涼すずしい 시원하다

1 자료는 인원수 만큼 복사돼 있어요[복사해 두었어요].

2 봉투 안에 돈이 들어 있어요.

3 선물은 이미 준비되어 있어요[준비해 두었어요].

4 그 가게 오늘은 닫혀 있어요.

5 에어컨 켜 있으니까[켜 두었으니까] 시원할 거예요.

Point 3

つまり～ということだ 결국 / 즉 / 다시 말해 ~라는 것이다

つまり、お金(かね)がかかるということですね。 결국 돈이 든다는 거군요.

つまり、行(い)けないということですね。 결국 못 간다는 말이군요.

つまり、もったいないということですね。 그러니까, 아깝다는 말이군요.

:: **つまり**(결국, 즉)는 **～ということだ**와 같이 '결국/즉, ~라는 뜻이다'라는 숙어를 이룬다. 이때 **こと**는 **意味**いみ(의미)를 대신하는 대명사이므로 직접 **つまり～という意味だ**라고 해도 괜찮다. 어떤 결론을 내리거나, 내용을 다시 정리해서 말할 때 사용할 수 있는 표현이다.

★ 작문해 봅시다

Keyword

予約よやく 예약 | 取とり消けす 취소하다 | 首くび 목, 해고 | まずい 맛없다, 곤란하다

1 결국 예약을 취소하고 싶다는 겁니까?

2 결국 해고라는 겁니까?

3 그러니까 내일까지는 할 수 없다는 거군요.

4 결국 곤란하다는 겁니까?

5 결국 만나고 싶지 않다는 거군요.

Point 4

間違(まちが)いなく 틀림없이

명사 + に間違いない ~임에 틀림없다

동사 기본 활용 + に間違いない ~함에 틀림없다

間違いなく正解(せいかい)だ。 틀림없이 정답이다.

正解に間違いない。 정답임에 틀림없다.

当(あ)たるに間違いない。 적중할 것임에 틀림없다.

当たったに間違いない。 적중했음에 틀림없다.

:: **間違う**(틀리다, 잘못되다)의 명사형 **間違い**(틀림)에 **ない**(없다)가 연결된 것으로 명사나 동사에 연결하면 '~임에 틀림없다, ~함에 틀림없다'라는 강한 확신을 나타내는 표현이 된다. 아울러 '틀림없이'라고 하고 싶을 때는 **ない**의 부사형 **なく**(없이)를 연결하면 된다.

★ 작문해 봅시다

Keyword

伝(つた)える 전하다 | 気(き)に入(い)る 맘에 들다 | 成功(せいこう)する 성공하다 | 選択(せんたく) 선택

1 이거라면 틀림없다.

2 틀림없이 전할게요.

3 틀림없이 마음에 들 거예요.

4 그 사람은 성공할 것임에 틀림없다.

5 좋은 선택임에 틀림없다.

Today's Note

★ 다음 단어를 이용해서 오늘의 경험을 정리해 봅시다.

Keyword

決きまる 정해지다 | 寮りょう 기숙사 | 出でる 나가다 | 引ひっ越こす 이사하다 | 探さがす 찾다 | ほとんど 거의 | 賃貸ちんたい 임대 | 家賃やちん 월세, 집세 | 払はらう 지불하다 | 契約けいやくする 계약하다 | 敷金しききん 보증금 | 礼金れいきん 사례금 | 仲介手数料ちゅうかいてすうりょう 중개 수수료 | 前家賃まえやちん 선불 월세 | ～ヶ月~かげつ分ぶん ~개월분 | ～ずつ ~씩 | 要いる 필요하다 | かける 곱하다 | 保証人ほしょうにん 보증인 | 外国人がいこくじん 외국인 | 準備じゅんびする 준비하다 | 不動産ふどうさん 부동산

대학이 결정되어 일본어 학교의 기숙사를 나가지 않으면 안 되게 된 상우 씨는 이사할 집을 찾고 있었다. 일본은 대부분이 임대로 매월 월세를 내는 것으로 되어 있다. 그리고 계약을 할 때는 보증금, 사례금, 중개 수수료, 선불 월세가 각각 1개월분씩 필요하다. 그러니까 월세 곱하기 4개월분의 돈이 필요하다는 것이다. 그리고 보증인이 필요한데, 보증인이 없는 외국인을 위해서 보증인까지 준비해 두는 부동산도 있다.

주택 관련 표현

一戸建て(いっこだて) 단독 주택

賃貸(ちんたい)マンション 임대 맨션 (우리나라 대형 아파트)

アパート 아파트

畳(じょう) 다다미를 기준으로 하는 넓이의 단위

坪(つぼ) 평

1R (ワンルーム) 방 하나로 부엌과의 구분이 없다

1K 방 하나와 부엌

1DK 방 하나와 다이닝 키친

1LDK 部屋 방 하나에 거실과 다이닝 키친

2DK 방 2개에 다이닝 키친

2LDK 방 2개에 거실과 다이닝 키친

大家(おおや) 집주인

家賃(やちん) 방세

敷金(しききん) 보증금 – 원래는 주인이 돌려주는 돈인데, 이사할 때 수리해야 할 부분이 있으면 이 돈에서 제하게 된다. (보통 월세 1~3개월분)

礼金(れいきん) 사례금 – 주인에게 감사의 표시로 주는 돈 (보통 월세 1개월)

仲介手数料(ちゅうかいてすうりょう) 중개 수수료

前家賃(まえやちん) 선불 집세

管理費(かんりひ) 관리비

火災保険料(かさいほけんりょう) 화재 보험료

정답 및 해설

01~25

Situation 01 맥도널드에서

マクドナルドで

Point 1

1 適当に済ませよう。

2 私たち、もう別れよう。

3 もっと頑張ろう。

4 徹夜でいっしょに遊ぼう。

5 今年は、必ずタバコを止めよう。

Point 2

1 何をお探しですか。

2 どちらにお住まいですか。

3 お気に入りですか。

4 こちらでお召し上がりですか。

5 お出掛けですか。

:: 일본어는 존경어를 사용할 때 모든 표현을 존경어에 맞추는 경향이 있어서 '어디'도 존경어에 연결할 때는 **どこ**보다 **どちら**를 사용하는 것이 좋다.

Point 3

1 問題があるかどうか調べてみます。

2 おいしいかどうか分かりません。

3 本当かどうかきいてみましょう。

4 なぜか気分が悪いです。

5 どこか変です。

:: **きく**는 **聞きく**(듣다), **訊きく**(묻다)라는 의미가 있는데 요즘은 **訊きく**(묻다)는 한자로 표기하지 않고 히라가나를 써서 **きく**라고 하는 경우가 많다.

Point 4

1 お手伝いいたします。

2 お伝えいたします。

3 お預かりいたします。

4 ご連絡いたします。

5 お邪魔いたします。

6 お願いいたします。

7 お祈りいたします。

8 お任せいたします。

9 ご説明いたします。

10 ご用意いたします。

:: **伝つたえる**는 '말을 전하다'라는 뜻이며 '물건을 전하다'라고 할 때는 **渡わたす**를 사용하는 것에 주의하자.

Today's Note

パクさんはお昼を済ませようとマックに入った。マックは韓国にもあるからと安心したけど、最初店員さんが「店内でお召し上がりですか。お持ち帰りですか。」と言った時、何と言っているのかぜんぜん分からなかった。それで店員さんが再び何かを言った時、合っているかどうか分からないけど「はい。」と言って、チーズバーガーを頼んだ。少し慌てたが無事に食事をすることはできた。今日のことでパクさんは、一応マックで必要な日本語から勉強しようと思った。

Situation 02 역 구내 방송과 차내 방송

構内放送と車内放送

Point 1

1 デザートは何にしますか。

2 ソウル駅で集まることにしました。

3 食べたことにしましょう。

4 なかったことにしよう。

5 何時に出発することにしましたか。

6 これにします。

7 場所はどこにしましょうか。

8 来週の土曜日にしましょう。

9 内緒にしてください。

10 お酒は飲まないことにしました。

Point 2

1 イ・ミナと申します。

2 いただきます。

3 次へまいります。

4 お手紙を拝見しました。

5 お目にかかれて嬉しいです。

Point 3

1 お下がりください。

2 お入りください。

3 お確かめください。

4 ご利用ください。

5 ご遠慮ください。

Point 4

1 金メダルを取るために頑張ります。

2 明日のために早く寝よう。

3 初心者のための本です。

4 ここは年輩の方のための席です。

5 交通事故のため、道が込んでいます。

Point 5

1 ただいま、外出しております。

2 両親といっしょに住んでおります。

3 まったく信じておりません。

4 楽しみにしております。

5 お待ちしております。

:: 일본어는 따로 미래형이 없기 때문에 현재형이 미래형이 된다.

:: '기다리고 있겠습니다'의 경우 **待まつ**를 겸양어 **お待まちする**로 해서 **お待まちしております**라고 한다.

Today's Note

お台場へ行くことにしたサンウさんとミナちゃんは新宿駅で山の手線外回り、品川行きに乗った。車内の風景は韓国とほぼ同じだったが、韓国より携帯で電話をする人はあまりいなかった。「お年よりや体の不自由な人のための優先席の付近では通話はご遠慮ください。」というルールをみんながちゃんと守っていた。その後、ふたりはゆりかもめに乗り換えるために新橋で電車を降りた。

Situation 03 일본의 전철

日本の電車

Point 1

1 電気製品を買うなら、秋葉原に行ってください。

2 日本の文化を感じたいなら、京都がいい。

3 この問題も難しいなら、2級は無理です。

4 魚が嫌いなら食べなくてもいいです。

5 パソコンなら、斎藤さんにきいてください。

6 やるならちゃんとやってください。

7 選ぶならどっちがいいですか。

8 面倒ならやらなくてもいいです。

9 あなたならできます。

10 なぜなら、時間がないです。

Point 2

1 時間さえ合えば、やってみたいです。

2 命さえ助けてくれれば、何でもやります。

3 自分さえよければいいと思う人が多い。

4 きれいであれば誰でもいいです。

5 韓国料理であれば、何でもいいです。

:: 시간, 목숨, 자신, 예쁜 것, 한국 요리를 필수 조건으로 한 가정

Point 3

1 これからどうなる(ん)だろう(か)。

2 たぶん、うまく行くだろう。

3 それは、嘘だろう？ そうだろう？

4 お金はどれぐらいかかるだろう。

5 一人で寂しいだろう？

6 何をやっているだろう。

7 大丈夫だろう。

8 変だろう？

9 もう、いいだろう？

10 どう思うだろう(か)。

:: '그렇지?'라고 할 때는 **そうだろう？**라고 하면 된다.

Point 4

1 もし、私だったらこうします。

2 なかったらしょうがないです。

3 よかったら、電話ください。

4 もし、だめだったら、どうしましょうか。

5 彼に会ったら、これを渡してください。

6 気に入らなかったら返品もできます。

7 宝くじが当ったらどうしますか。

8 足りなかったら、言ってください。

9 夢だったらいいですね。

10 ばれたら、危ないです。

:: 가정을 하는 상황에서는 결과가 어떻게 될지 모르는 상태

Today's Note

今日は入学式がある日。まだ日本の電車に慣れていないパクさんとミナさんだが、学校までなら(학교라는 선택조건)自信があった。大久保は新宿に行く途中だから、ふたりは新宿方面の電車にさえ乗ればいいと(필수조건)思った。10分もかからないだろうと思った。ところがその電車は大久保

に止まらない快速電車だった。しょうがなく新宿で降りたふたりは駅員さんにきいて学校に行くことができた/学校に行けた。東京の電車は日本人にも難しいという。よく分からなかったら(현재로는 알 수 없는 결과)駅員さんにきけばいい。(절대조건)

Situation 04 길을 헤매다

道に迷う

Point 1

1 たぶん知っているはずです。

2 足りないはず(が)ないです。

3 ないはず(が)ないです。

4 お金が必要なはずです。

5 たぶん独身のはずです。

6 できないはず(は)ないです。

7 そんなはず(は)ないです。

8 知らないはず(が)ないです。

9 嬉しいはずです。

10 許してくれるはずです。

Point 2

1 昨日飲みすぎて頭が痛いです。

2 誤解されやすいタイプです。

3 本人の前では話しにくいです。

4 それは考え過ぎです。

5 この車は運転しやすいです。

:: '너무 깊게 생각한다'라고 할 때 일본에서는 **考えすぎる**(지나치게 생각하다)라고 한다.

Point 3

1 正直に話すしかないです。

2 諦めるしかないですか。

3 我慢するしかないですね。

4 お金は千円しか持っていません。

5 肉しか食べません。

Point 4

1 春になると暖かくなります。

2 熱いと食べにくいです。

3 歌が上手じゃないと歌手になれません。

4 私はあの人じゃないとだめです。

5 右に曲がると銀行があった。

6 ボタンを押すとお釣りが出た。

7 母の声を聞くと涙が出た。

8 呪文を唱えると、妖精が現れた。

9 みんなが帰ると静かになりました。

10 風邪にはしょうが茶を飲むといいです。

:: 모두 알 수 있는 결과를 가정하고 있다. 5번은 순간적으로 동작 '~하자'에 해당하는 '**~と**'.

Point 5

1 地球という名前の星

2 UFOという正体不明の物体

3 上野にはアメ横という大きい市場があります。

4 かっぱという想像の動物を知っていますか。

5 これは何という魚ですか。

Today's Note

外国人登録をするため、新宿に来たサンウさんは広すぎる新宿駅の中で迷っていた。それで通りすぎる人に道をきくと、その人は東口に交番があるはずだから、交番に行ってきいた方がいいと教えてくれた。新宿区役所は駅から100メートルぐらい離れた靖国通りにあった。最初から東口に出ればもっと早く区役所を見つけることができたはずだ。サンウさんはとにかく新宿駅は分かりにくいと思った。でも、日本人は道に迷うと交番に行くという大事な事実が分かった一日だった。

Situation 05 자전거 타기

自転車乗り

Point 1

1 電車の中では携帯をマナーモードにしなければならない。

2 借りたお金は返さなければならない。

3 ルールを守らなければならない。

4 魚は新鮮じゃなければならない。

5 この仕事はあなたじゃなければならない。

6 また来なければなりませんか。

7 日本の車は左を走らなければなりません。

8 男性は強くなければならない。

9 勉強は楽しくなければならない。

10 二人以上じゃなければなりません。

Point 2

1 信じられない話 / 信じることができない話

2 ここは通れません。/ ここは通ることができません。

3 韓国でも円が使えます。/ 円を使うことができます。

4 今度は奨学金がもらえます。/ 奨学金をもらうことができます。

5 意味が理解できません。/ 意味を理解することができません。/ 意味が分かりません。

Point 3

1 入ってはだめです。

2 諦めてはだめです。

3 一円をバカにしてはだめです。

4 あの人の話を聞いてはだめです。

5 一気に飲んではだめです。

Point 4

1 クリームがコーヒーに溶け込んでいきます。

2 割り込まないでください。

3 電車に駆け込むのは危ないです。

4 ゴクンと飲み込んでしまいました。

5 部屋に虫が飛び込んできました。

Point 5

1 靴を履いたまま入ってもいいです。

2 気が付かないまま通りすぎてしまった。

3 聞いたまま言ってください。

4 このお菓子は子供の時のままの味だ。

5 このままでは我慢できません。

Today's Note

日本で生活するためにはやっぱり自転車がなければならない。歩いて15分くらいの駅も今日は7分で着いた。みんなが止めているからサンウさんも自転車を駅の前に止めてもいいと思ったが、駐輪場の警備員さんが勝手に止めてはだめだと言った。駅の前には駐輪のステッカーがある自転車だけ止められると言った。ところが駐輪のステッカーをもらうためには来年の募集までほぼ1年間待たなければならない。少し高いけど、そのまま置き去りにして警察に撤去されるよりいいから有料駐輪場を利用するしかない。

:: '~하는 것보다'라고 할 때 원래는 **~することより**라고 해야 하지만 **こと**를 생략하고 그냥 **~するより**라고 한다.

Situation 06 일기예보

気象情報

Point 1

1 このドラマ、おもしろそう。

2 奥さんはやさしそうな感じの方でした。

3 天気が崩れそうです。

4 ネット喫茶はこの辺にはなさそうだね。

5 この問題、簡単そうに見えたけど、けっこう難しいですね。

6 暑くて死にそう。

7 私にもできそうです。

8 新鮮そうな魚ですね。

9 いつも偉そうに言います。

10 体によさそうですね。

:: **~そうだ**는 な형용사 활용을 하므로 **~そうな感じ**(~것 같은 느낌)가 된다.

:: **ない**는 **なさそうだ**가 된다.

Point 2

1 けっこうお酒が強くなりましたね。

2 あなたが嫌いになりました。

3 もう少し安くなりませんか。

4 何になりたいですか。

5 日本語で話せるようになりました。

6 もっとおいしくなります。

7 だめになりました。

8 癖になりました。

9 信じるようになりました。

10 いつか分かるようになるでしょう。

Point 3

1 試験が難しかったそうです。

2 アメリカで首脳会談が開かれるそうです。

3 彼女は恋人じゃないそうです。

4 明日はもっと暑くなるそうですね。

5 いろいろ問題があるそうですね。

6 来年から法律が変わるそうです。

7 このごろ忙しいそうです。

8 進路が悩みだそうです。

9 OL(オーエル)に人気があるそうですね。

10 昨日はすごかったそうですね。

Point 4

1 どうなるでしょうか。

2 本当に治る(ん)でしょうか。

3 こうなったから、しようがないでしょう。

4 本当にすごいでしょう？

5 もう分かったでしょう？

Point 5

1 来年も不景気が続く見込みです。

2 なかなか見込みのある青年ですね。

3 治る見込みがない病気だそうです。

4 明日は台風が南地方に上陸する見込みです。

5 この家は展望がよくて屋上から市内が見えます。

Today's Note

朝起きて、窓を開けたミナちゃんは今日は一日中晴れそうと思った。(문을 열었을 때 받은 느낌) ところが、テレビの天気情報によると、日中は晴れて、春が感じられるが、夕方から天気が崩れるそうだ。そして、明日は移動性低気圧の影響で全国的に雨や雪が降って、寒くなる見込みだそうだ。しかし、寒くなるのは一時的で寒さは戻らないので週末は再び暖かくなって過しやすいいい天気になるそうだ。では、桜はいつごろ咲くんだろう。

Situation 07 은행에서

銀行で

Point 1

1 行楽地は週末や休日などはとても込みます。

2 ハンバーガーやピザなどはカロリーが高い。

3 東京や大阪など大都市にカラスが多い。

4 ビールかワインなどはどうですか。

5 八日か九日などがいいです。

Point 2

1 子供の問題は親の責任である。

2 人間は考える葦である。

3 法律の前では誰もが平等である。

4 その話が本当であればいいですね。

5 健康であれば何も要りません。

Point 3

1 子供に服を着させました。

2 約束を破って友だちを怒らせました。

3 一人で行かせてください。

4 そろそろ結婚させようと思います。

5 わざわざこ来させてごめんなさい。

Point 4

1 お先に帰らせていただきます。

2 後程ご連絡させていただきます。

3 喜んで使わせていただきます。

4 辞めさせていただきます。

5 味見をさせていただきます。

Today's Note

サンウさんは口座を開設しようと思って銀行へ行った。ふつう日本人が通帳をつくる時は免許証か保険証などが必要だが、外国人は外国人登録証など身分を証明できるものであれば大丈夫だと言った。窓口の人はサンウさんに申込書を書かせて、暗証番号は誕生日や電話番号などを避けるように注意した。そして「キャッシュカードはご自宅まで郵送させていただきます。」と言った。これで口座開設ができた。でも、サンウさんは1週間後、カードが届かなかったら連絡するため、担当の名前をチェックすることを忘れなかった。

:: **注意**ちゅうい**する**는 '(스스로) 주의하다'라는 뜻 이외에 '주의시키다, 주의를 주다'라는 뜻이 있어서 일부러 사역형으로 만들지 않아도 된다.

Situation 08 휴대전화를 만들자

携帯を作ろう

Point 1

1 テレビとかラジオとかマスコミ関係の仕事をしたいです。

2 残業が多いとか給料が少ないとか文句ばかり言わないでください。

3 中国とかインドとかアジアに興味がある。

4 行くとか行かないとか返事をください。

5 外国語が上手だとか下手だとか関係ないです。

:: '~만, ~뿐'에 해당하는 일본어는 **~だけ**, **~ばかり**가 있고 각각의 뉘앙스는 **~だけ**(only), **~ばかり**(all)이므로 '불평만'이라는 것은 '하는 말이 전부 불평'이므로 **文句**もんく**ばかり**가 된다.

Point 2

1 見るだけでもいいですか。

2 いっしょにいるだけでも幸せです。

3 歌は聞くだけでも勉強になります。

4 申し込むだけでもプレゼントがあります。

5 一回だけでも会ってください。

Point 3

1 やりがいの[が]ある仕事がしたいです。

2 やる気の[が]ある人であればいいです。

3 日本語の[が]話せる人はいませんか。

4 体の[が]不自由な人のための席です。

5 彼は何時間も意味の[が]分からない話を続けた。

6 運の[が]いい人は一回で合格します。

7 それは根拠の[が]ない話です。

8 日本人の[が]好きな花は桜です。

9 お金の[が]ほしい人は勉強よりバイトをします。

10 料理の[が]上手な人が好きです。

Point 4

1 やり方を変えないかぎり、ぜったい勝てません。

2 私が知っているかぎり、彼は悪い人ではありません。

3 諦めないかぎり、夢は叶うでしょう。

4 戦争が続くかぎり、悲劇も続くでしょう。

5 先に謝らないかぎり仲直りしたくないです。

Point 5

1 物によって値段が違います。

2 その時によって違います。

3 人によって自分の考え方を持っています。

4 角度によって変って見えます。

5 ヘアースタイルによって雰囲気が変ります。

Today's Note

彼女のつぎに大事なのは携帯だと思っているサンウさん。今日は携帯を買う前に、料金とか機種などいろいろ調べたくて携帯ショップを訪ねた。キャンペン中で値下げをしているものもあったが、やっぱり、テレビの見られる携帯とかネットのできるパソコン携帯など新発売の携帯が目に入った。料金は携帯によって違うが、意外といろいろなプランや割引があって、他社の携帯にかけないかぎり、月々4000円ぐらいで使えるそうだ。店員さんの感じもいいし、サンウさんはあさってはこの店で携帯を契約しようと思った。

Situation 09 재입국 허가

再入国許可

Point 1

1 卒業したら就職するつもりです。

2 寝る前にぜったい食べないつもりです。

3 会社を辞めるつもりですか。

4 最初から騙すつもりではなかったです。

5 今日は早く行くつもりだったけど、また遅れてしまいました。

6 これからどうするつもりですか。

7 逃げるつもりではないです。

8 来月引っ越すつもりです。

9 ぜんぶ正直に話すつもりでした。

10 気を悪くするつもりではなかったです。

Point 2

1 その理由についてききたいです。

2 抗癌剤について研究しています。

3 野球でアメリカに対して2対1で負けました。

4 目上の人に対しての礼儀ではない。

5 輸出に関しては他の部署が担当しています。

Point 3

1 一ヶ月生活するのに、いくらぐらいかかりますか。

2 ソウルまで送るのに何日かかりますか。

3 餃子を作るのに必要な材料は何ですか。

4 言葉をマスターするのに近道はないです。

5 ストレスを解消するのにはカラオケが一番です。

Point 4

1 批判と非難の違いはなんですか。

2 敵とライバルの違いは何でしょうか。

3「わざと」と「わざわざ」の違いは何ですか。

4 着物と浴衣の違いはなんですか。

5 優越感と劣等感との違いは紙一重です。

Point 5

1 正解した場合は、100万円をさしあげます。

2 うまく行かない場合は、こちらにお問い合わせください。

3 ずっと痛い場合は、病院に行ってください。

4 このような場合は、どうしますか。

5 外国人の場合は、選挙ができません。

6 だいたいの場合は、大学に行きます。

7 遅れる場合は、前もって電話してください。

8 時間がない場合メールでもいいです。

9 住所が不明な場合は、郵便物が届きません。

10 財布を無くした場合は、警察に届けてください。

Today's Note

来月韓国に帰る予定のパクさんは入国管理局に電話して、再入国許可をもらうのに必要な書類についてきいてみた。留学生で就学ビザを持っている場合はパスポートと外国人登録証と学校の許可書と申請書が要る。そして費用は印紙代がかかるが、印紙はシングルとマルチの二種類がある。シングルとマルチの違いはビザの期間中に何回も使えるのがマルチで一回だけ使えるのがシングルだ。何回も帰るつもりならマルチにした方がいい。

Situation 10 옷 가게에서

洋服屋で

Point 1

1 ほしいものがないです。

2 時間がほしいです。

3 ほしかったら、あげるよ。

4 あの人とはつき合ってほしくない。

5 正直に言ってほしかったです。

Point 2

1 私は結婚したばかりでとても幸せです。

2 今、家に帰ったばかりです。

3 生まれたばかりの赤ちゃんは顔がしわしわです。

4 買ったばかりの携帯を無くしてしまった。

5 日本に来たばかりの時は日本語をひとことも話せませんでした。

Point 3

1 言い訳をするのはプロらしくないです。

2 男らしく勝負しよう。

3 これは本当に職人らしい技です。

4 彼女の振る舞いは女性らしくてきれいです。

5 最後の判断はやっぱり彼らしかった。

Point 4

1 覚えたのに、もう忘れてしまった。

2 体は小さいのに力が強いですね。

3 外見はきれいなのに品がない。

4 せっかく準備したのに役に立ちませんでした。

5 せっかくの休みなのにどこへも行かない？

6 けっこう食べるのに太りません。

7 知っているのに教えてくれません。

8 好きなのになぜ告白しないんですか。

9 せっかくのいいチャンスなのにもったいないです。

10 春なのにまだ肌寒いですね。

Point 5

1 試着してみてもいいです。

2 片付けてもいいですか。

3 買わなくてもいいです。

4 弁当は持って来なくてもいいですか。

5 ビールを頼んでもいいですか。

Today's Note

春用の服がほしいと思ったミナちゃんは久しぶりに渋谷に出た。そして偶然入った店でとてもかわいいワンピースを見つけた。入荷したばかりの商品で今年流行りの花柄の女性らしいワンピースだった。ミナちゃんはスカートの丈が少し気になって試着をしてみた。ところが、問題は丈じゃなくてサイズだった。最近ダイエットをしているのになぜかサイズが小さかった。でも、いつも前向きなミナちゃんは日本のサイズが小さいと思って、一つ上のサイズのワンピースを買った。気に入ったワンピースをゲットしたミナちゃんはとても気分がよかった。何と言ってもやっぱりストレス解消にはショッピングが一番だ。

Situation 11 미용실에서

美容室で

Point 1

1 神戸には西洋風の建物がいっぱいあります。

2 これはこんな風にしてください。

3 若者風の服は似合いません。

4 あの店は田舎風の味でとても人気です。

5 インテリアはどんな風にしましょうか。

:: '많이'라고 할 때는 **たくさん** 외에 **いっぱい**도 많이 쓴다.

Point 2

1 子供の服は大き目を買った方がいいです。

2 夜はボリュームを小さ目にしてください。

3 温目のお湯で半身浴を楽しんでいます。

4 早目に出発しました。

5 原宿はここから2番目の駅です。

:: 우리는 명사 '물'과 형용사 '뜨겁다, 차갑다'를 연결해서 '뜨거운 물, 차가운 물'이라는 표현을 만들지만, 일본어 **お湯**ゆ(뜨거운 물, 따뜻한 물)'와 **水**みず(차가운 물)는 형용사의 의미까지 포함하는 하나의 명사이다. 그러므로 목욕물은 **お湯**가 되는 것이다.

Point 3

1 お姫様になったような感じですね。

2 あか抜けして渋い感じの男性が好きです。

3 何か変な感じがします。

4 素材は皮のような感じです。

5 どんな感じでしたか。

Point 4

1 コンビニに行くついでにタバコも買ってきてください。

2 自分の弁当を作るついでに友だちの弁当も作りました。

3 服を買ったついでにくつも買ってしまった。

4 近くまで来たついでに寄ってみました。

5 ついでに後片付けまでお願いします

:: **自分**じぶん는 원래 '자기'라는 뜻이지만, '나, 나의'로도 많이 사용된다.

:: **近**ちか**く**는 부사형으로는 '가깝게', 명사로는 '근처'가 된다.

Today's Note

今日ミナちゃんは日本の美容室を初体験した。ミナちゃんは髪の毛の量を減らしてナチュラルな感じのパーマをお願いした。終わった後のパーマは日本風でカールが少し緩めだったけど簡単に乾かすだけでカールができるのがとてもよかった。朝急いでいる時に手入れしやすいと思った。ただ、シャンプー代を別に取るのは少しけち臭いと思った。韓国はついでにただでやってくれるのにと思った。でも気になるところがあったら一週間以内だったら無料で直してくれるのはすごくいいと思った。

Situation 12 주점에서

居酒屋で

Point 1

1 しゃぶしゃぶの食べ放題に行きたいです。

2 夏休みは遊び放題でした。

3 この携帯は基本料金でメール使い放題です。

4 言いたい放題ぜんぶ言ってください。

5 ここは映画見放題のサイトです。

:: 대부분의 경우 **たい**를 생략하지만 **言**い**いたい放題**ほうだい는 **たい**를 생략하지 않고 그대로 사용한다.

Point 2

1 庭付きの一戸建てに住みたいです。

2 この料金は朝食代が付いています。

3 こちらは露天風呂付きの部屋です。

4 カルビはやっぱり骨付きカルビがおいしい。

5 今日は本当についている。

:: 원래는 **運**うん**がついている**(운이 붙어 있다)인데 실제 회화에서는 그냥 **ついている**라고 한다.

Point 3

1 ここは終日禁煙となっております。

2 関係者以外出入り禁止となっております。

3 大変お得となっております。

4 この金額は税込みとなっております。

5 この車両は朝6時から9時まで女性専用となっております。

Point 4

1 漢字だけではなくカタカナも分かりません。

2 お姉さんだけではなく妹さんも美人ですよ。

3 彼女はかわいいだけではなく頭もいいです。

4 この辺は交通が便利なだけではなく自然環境もいい。

5 この携帯は電話をかけるだけではなく写真も取れます。

Today's Note

試験が終わった後、サンウさんとミナちゃんは日本の居酒屋に入った。飲み放題付きの3000円コースにしたかったけど、それは4人以上のメニューとなっていた。しょうがないので、店員さんお勧めのメニューにした。3500円で予算は少し高くなったが、飲み放題におつまみだけではなく食事もできてとてもお得だった。でも、飲み放題に時間制限があったり、お通しの値段を別に取るのは初めて知った。やっぱり日本にただはないと思った。

Situation 13 아르바이트 광고

バイトの広告

Point 1

1 動きがいい。

2 誘いに弱いです。

3 決まりだからしょうがないです。

4 今日で終わりです。

5 私の考えではこれは間違いだと思います。

Point 2

1 遠足に行くか行かないかは天気次第です。

2 考え方次第で幸せになれます。

3 するかしないかは、あなた次第です。

4 日本に着き次第電話します。

5 見つけ次第報告してください。

Point 3

1 今は都合が悪いから、後で話しましょう。

2 都合のいい話は逆に怪しい。

3 明日のご都合はいかがですか。

4 彼はいつも自分の都合を優先します。

5 先生の都合のいい日を教えてください。

Point 4

1 ご両親と相談の上、連絡してください。

2 ご乗車の上、お待ちください。

3 訂正の上、返してください。

4 おふたりで話し合った上で決めてください。

5 よく考えた上で出した結論です。

Point 5

1 友だちの紹介で知り合い、結婚しました。

2 先月、子供が生まれ、3人家族になりました。

3 その事実を知り、驚きました。

4 朝6時に起き、運動をし、食事を準備します。

5 去年退職し、家で遊んでいます。

Today's Note

そろそろバイトを始めようと思っていたミナちゃんは学校の帰りに寄ったコーヒーショップで、スタッフ募集の広告を見つけた。朝の6時半から夜10時半の間で1日に4時間以上働く条件で時給は900円から1000円だった。そして、努力次第で時給アップもあり、週末のみの出勤も可能で、それに交通費や食事補助もある。学校からも近くてミナちゃんにはとても都合のいいバイトである。ミナちゃんはとりあえず写真と履歴書を準備し、電話してみようと思った。

Situation 14 아르바이트 찾기

バイト探し

Point 1

1 朝起きたら、9時でした。

2 お願いをしたら、聞いてくれました。

3 話してみたら、いい人でした。

4 電話したら、お母さんが出ました。

5 気が付いたら、病院でした。

:: '전화를 받다'는 **電話**でんわ**に出**で**る**가 된다. 직역하면 '전화에 사람이 나오다'라는 뜻이다. 우리말을 그대로 **電話**でんわ**をもらう**라고 하면 '전화기를 받다'라는 표현이 되니까 주의 하자.

Point 2

1 お酒でもいっぱいどうですか。

2 いつでも遊びに来てください。

3 テレビでも見よう。

4 ドライブでもしますか。

5 何でもいいですか。

Point 3

1 取材に来ました。

2 買い物に行ってきます。

3 直接取りに来てください。

4 今晩一杯飲みに行きませんか。

5 日本語を習いにきた留学生が多いです。

Point 4

1 少し退いてもらえますか。

2 すみませんが、これを替えてもらえますか。

3 ファックスで送ってもらえますか。

4 電話を代ってもらえますか。

5 担当者を呼んでもらえますか。

:: '전화를 바꾸다'를 그대로 **電話**でんわ**を替**か**える**라고 하면 '전화기를 교환하다'라는 뜻이 된다. 사람이 교대되어 상황이 변화한 것이므로 일본에서는 **電話を代**か**わる**라고 한다.

Point 5

1 ご都合は、いつがよろしいですか。

2 よろしかったら、どうぞ使ってください。

3 ひとつ、おうかがいたいことがありますが。

4 ご注文は、以上でよろしいですか。

5 また、うかがってもよろしいですか。

Today's Note

ミナちゃんはいろいろなアルバイトの募集の広告を探したら、働いてみたい店が3軒くらいあった。順番に電話してみたら、最初の店は外国人は採用してもらえないし、2番目の店はもう採用が決まっていた。そして最後だと思って電話したコーヒーショップは幸いまだバイトを募集していた。外国人でもいいと言った。さっそく次の日面接に行くことになった。雇ってもらえるならミナちゃんは一生懸命に頑張るつもりだ。

Situation 15 아르바이트 면접

バイトの面接

Point 1

1 結婚してからどれぐらいになりますか。

2 入社してからもう1年になります。

3 父がなくなってから半年が過ぎました。

4 連絡が途絶えてからけっこう長いです。

5 授業が終わってから何をするつもりですか。

Point 2

1 日本で道に迷った経験があります。

2 外国で、財布を無くしたことがありますか。

3 友だちにバカにされた経験がありますか。

4 行ったことはないから、行ってみたいです。

5 一回も約束を破ったことがないです。

Point 3

1 気に入らないかも知れませんが、受け取ってください。

2 言ったかも知れないし、言わなかったかも知れない。

3 寒いかも知れないから、ジャケットを持っていってください。

4 大変かもしれませんが、頑張りましょう。

5 私の勘違いかも知れませんが、私たちどこかで会ったことありませんか。

Point 4

1 おっしゃるとおりです。

2 おっしゃったとおり準備しました。

3 聞いたとおり、話してください。

4 地図どおり行けば、駅に着きます。(地図のとおり)

5 レシピどおり作ってみました。(レシピのとおり)

Point 5

1 うちの主人はとてもわがままです。

2 わがままを言ってすみません。

3 一人っ子はわがままな子が多い。

4 ここは馴染みの店で私のわがままを聞いてくれます。

5 うちではそんなわがままは通さない。

Today's Note

今日はとてもラッキーな１日だった。ミナちゃんがバイトの面接を受けたが、採用がすんなり決まったのだ。最初は少し緊張したが、店長が想像どおりやさしい人だったので、すぐ気が楽になった。店長はビザや資格外活動許可証などを確認してから、バイトをした経験があるかどうかをきいた。そして土・日も働けるかと言ったけど、ミナちゃんは正直に木曜日と金曜日しかできないと言った。やさしい店長はミナちゃんのわがままも聞いてくれた。仕事の時は厳しいかも知れないけど、初印象はとてもいい人だった。

Situation 16 실수

失敗

Point 1

1 家を出るところに電話が鳴った。

2 このまま待っているところじゃないです。

3 言わなかったら、うっかり忘れるところでした。

4 授業が終わったところに山本さんが来た。

5 おいしいところを知っていますが、一緒に行きませんか。

Point 2

1 最初からやり直してください。

2 考え直した方がいいです。

3 今回のことで彼を見直しました。

4 こちらから電話をかけ直します。

5 何回も作り直してできた作品です。

Point 3

1 何にも知らずに[知らないで]来ました。

2 そんなにもめずに問題を解決しました。

3 何にも言わずには[言わないでは]いられない。

4 かまわずに[かまわないで]進めてください。

5 ちゅうちょせずに[ちゅうちょしないで]質問してください。

Point 4

1 一度会ってみたらどうですか。

2 少し譲ったらどうですか。

3 これも参考したらどう？

4 もう、機嫌直したらどう？

5 スタイル、変えてみたらどう？

:: **気分**きぶん이 '감정' 그 자체라면 **機嫌**きげん은 정확히 말하면 '기분의 상태'를 말한다. 그러므로 우리말로 '기분을 풀다'라고 할 때는 '기분 상태를 바꾸다'라는 뜻이므로 **機嫌**을 이용하여 **機嫌を直**なお**す**라고 하는 것이다.

Point 5

1 ちゃんと動いているじゃないですか。

2 ここにあるじゃないですか。

3 それはあまりにもひどいじゃないですか。

4 ほら、同じじゃない。

5 えくぼが魅力的じゃない。

Today's Note

今日ミナちゃんは客とぶつかって、コーヒーをこぼしてしまった。でも、ミナちゃんがすぐ謝って新しいコーヒーを入れ直したので、お客さんは文句も言わずに、理解してくれた。そして仕事が終わって帰ろうとしたところ、店長はミナちゃんに、帰る前に、厨房の仲間に謝ったらどうかと言った。日本ではちいさいことでも仲間に迷惑をかけた時は必ず謝るそうだ。これぐらいいいじゃないと思って謝らずに過ぎると相手にはそれが貯まってストレスになる。ちいさいことでも相手に気を配る日本の文化を体で覚えた一日だった。

Situation 17 환영회

歓迎会

Point 1

1 座ってばかりいないで、少し手伝ってください。

2 先生は、女性ばかりです。

3 泣いてばかりいないで、これからのことを考えたらどう。

4 不満ばかり言わないで提案をしてください。

5 彼はいつも、ゲームばかりしています。

6 彼女が付き合う男性はイケメンばかりです。

7 ため息ばかり出ます。

8 このように見てばかりいられません。

9 毎日食べて、寝てばかりいます。

10 考えてばかりいないで行動をしてください。

Point 2

1 彼女は会うたびに、きれいになります。

2 この歌を聞くたびに、彼女を思い出します。

3 故郷に帰るたびに父が迎えに来てくれます。

4 彼はデートをするたびに、家まで送ってくれました。

5 旦那は嘘を付くたびに、頭を触る癖があります。

Point 3

1 風邪を引かないように注意しましょう。

2 これからは時間を守るようにします。

3 忘れないように書いておいてください。

4 ばれないように気を付けよう。

5 いい人に巡り会えますように。

Point 4

1 自分が言ったのを忘れたようです。(忘れたみたいです)

2 政治には興味がないようです。(ないみたいです)

3 彼女はちょっと生意気なようです。(生意気みたいです)

4 年齢は秘密のようです。(秘密みたいです。)

5 日本語をバカにしているようだけど、日本語もけっこう難しい。(バカにしているみたいだけど)

Point 5

1 高齢化が進んでいるらしい。

2 しばらく、歌手の活動を休むらしい。

3 最近は、一人暮しの人が多いらしい。

4 ストレスは体に悪いらしい。

5 離婚の原因は、嫁と姑の問題だったらしい。

6 簡単にダウンロードできるらしい。

7 明日は晴るらしい。

8 オーナーが変わったらしい。

9 年は関係ないらしい。

10 相変わらず元気らしい。

Today's Note

今日は店でミナちゃんの歓迎会をやってくれた。ミナちゃんは一ヶ月間失敗ばかりでみんなに迷惑をかけたことを謝って、これから早く一人前になれるように頑張りたいと改めて挨拶をした。

鈴木さんはミナちゃんに日本人みたいに日本語が上手だと誉めるくれた。そして木村さんはミナちゃんに彼氏がいることを知ってがっかりしたと言ったけど、木村さんは普段よく嘘を付くらしい。むしろミナちゃんが困るたびに助けてくれる店長の方がミナちゃんに興味があるようだ。とにかく楽しい歓迎会だった。

Situation 18 병원에서

病院で

Point 1

1 今回はあの子が勝つような気がします。

2 この方向じゃないような気がします。

3 なぜか、危ないような気がしました。

4 頑張っても、無駄なような気がしました。

5 今回こそ、チャンスのような気がします。

Point 2

1 何でもトライしてみた方がいいと思います。

2 あまり意地を張らない方がいいです。

3 偏見は、捨てた方がいいです。

4 子供には、お金をたくさんあげない方がいい。

5 合っているかどうか、確認した方がいい。

Point 3

1 バスがなかなか来ないですね。

2 ここはなかなかおいしいそば屋ですね。

3 なかなか認めてくれなくて大変です。

4 日韓関係はなかなか難しい問題です。

5 発音がなかなかうまくできません。

Point 4

1 念のため連絡先を教えて上げます。

2 念のため言うけど、俺、彼女いるよ。

3 念のためジャケットを持って行った方がいいです。

4 必要経費は念のため多めに持っていってください。

5 念のため出発時間を確認しておいてください。

Today's Note

ミナちゃんは昨日から体の調子が悪くなって、休んでもなかなかよくならないので、今日は近くの病院に行った。扁桃腺が張れていて、このごろ流行ってるインフルエンザにかかったらしい。医者はしばらくはゆっくり休んだ方がいいと言った。そして肺炎だと困るから、念のためレントゲンを撮って３日分の薬をもらった。そう言えば、このごろちょっと無理をしたような気がした。バイトばかり頑張って、学校に行ってもすぐ寝てしまうし、バイトを一カ所減らした方がいいと思った。

Situation 19 지진

地震

Point 1

1 プレゼントでもらったものです。

2 不思議なことが起きました。

3 食べ物は、甘いの[甘いもの]が好きです。

4 遅れることはほとんどありません。

5 言うのは簡単だけど実行するのは難しいです。

:: 5번은 言いうこと, 実行じっこうすること라고 해도 된다.

Point 2

1 ちゃんと入れときます。(入れておきます)

2 完璧に準備しときました。(準備しておきました)

3 覚えといてください。(覚えておいてください)

4 これは冷蔵庫に入れといた方がいいです。(入れておいた方が)

5 覚悟しといて。(覚悟しておいて)

Point 3

1 また、忘れちゃった。(忘れてしまった)

2 ゲッ！ファイルが飛んじゃった。(飛んでしまった)

3 一目惚れしちゃいました。(一目惚れしてしまいました)

4 お金がもうなくなっちゃいました。(なくなってしまいました)

5 消しちゃってください。 (消してしまってください)

Point 4

1 宿題もしないで、遊んじゃだめ。(遊んでは)

2 男だから、泣いちゃだめ。(泣いては)

3 領収書は、捨てちゃだめです。(捨てては)

4 まだ、開けちゃだめです。(開けては)

5 大事だから、無くしちゃだめ。(無くしては)

Point 5

1 なかったらなかったで暮せます。

2 ひどい目に遭ったら遭ったで、なんとかなります。

3 別れたら別れたで、しょうがないでしょう。

4 金持ちになったらなったで、また他の悩みがあるでしょう。

5 首になったらなったで、また新しい仕事を探せばいい。

Today's Note

ミナちゃんは地震が多いという日本にいるから怖いけど、地震がどんなものか経験したかった。いよいよその日が来た。急にふらふらしたのでミナちゃんは自分が疲れていると思った。でも、それは地震だった。今回は小さかったけど震度が6とか7になると危ないそうだ。そして地震の時は外に出ちゃだめだから、室内で、まずガスの火などを消してドアを開けとくこと(행동)が大事だそうだ。なぜならドアを開けとかないと後で出られなくなっちゃうから。そしてテーブルの下に体を隠すこと(행동)だ。とにかくミナちゃんは自然が怖いと思った。

:: '지진'은 느낄 수 있는 것이므로 대명사로 받을 때는 **もの**가 된다.

Situation 20 관동과 관서

関東と関西

Point 1

1 お寿司やらてんぷらやら、たくさん食べた。

2 新聞やら雑誌やら、その記事が載っている。

3 掃除するやら洗濯するやら、女性は大変だ。

4 嬉しいやら恥ずかしいやら、何にも言えませんでした。

5 電話に出るやらファックスするやら、やることがいっぱいです。

Point 2

1 たとえば、こういう場合はどうしますか。

2 たとえば、フェラリーのようなスポーツカーが好きです。

3 たとえば、どんな仕事がしたいですか。

4 たとえば、東京大学のような名門は競争率が高いです。

5 たとえば、4人家族の一ヶ月の生活費はいくらですか。

Point 3

1 小学校6年生なのに大人っぽいですね。

2 彼女は声が男っぽいです。

3 彼の話はどうも嘘っぽいです。

4 ヘアスタイルがおばさんっぽくないですか。

5 顔は外国人っぽいです。

:: '~학년'은 **~年生**ねんせい가 된다.

Point 4

1 考えれば考えるほど、腹が立ちます。

2 言葉は使えば使うほど、上手になります。

3 知れば知るほど、おもしろい仕事です。

4 返事は早ければ早いほど、いいです。

5 家は広ければ広いほど、いいです。

Today's Note

今日パクさんは、また田中先輩の関西弁が分からなくて困ってしまった。ある程度日本語に自信がついたけど、テレビに関西弁を話す人が出るとぜんぜん分からなくなる。日本の関東と関西は言葉やら食べ物やらいろいろ違いがあるらしい。たとえばエスカレーターも東京の人は左に、大阪の人は右に立つそうだ。なぜか大阪は韓国っぽい。今日のことをきっかけにサンウさんは田中先輩から関西弁を習うことにした。本当に日本語は勉強すればするほどおもしろいと思う。

Situation 21 유혹

誘い

Point 1

1 部長に誉められて、嬉しかったです。

2 親に一度も、叱られたことがないです。

3 犯人が捕まえられました。

4 プロポーズを断られました。

5 彼は彼女に振られて、落ち込んでいます。

Point 2

1 テレビなんておもしろくないです。

2 宝くじが当るなんて夢みたい。

3 バイトをしながら奨学金をもらうなんて私には無理です。

4 友だちを裏切るなんてあり得ないです。

5 家族を捨てるなんてあり得ないです。

Point 3

1 何でもわけがあるでしょう。

2 彼が犯人だなんて、そんなわけないです。

3 あなたの名前を忘れるわけないです。

4 恋人がいるのに、二股かけるわけにはいきません。

5 人が困っているのに、放っておくわけにはいきません。

Today's Note

今日、サンウさんはイケ面の浩先輩に週末一緒に合コンに行こうと誘われた。でも、彼女一筋のサンウさんはあり得ないことだと断った。浩先輩はかわいくて、猫をかぶらない子が好きらしいけど、女性たちには、格好よすぎて振られるんだそうだ。格好よくても振られるなんて、本当にわけがわからない。やっぱり人は少し弱点がある人に引かれるようだ。

Situation 22 세쓰분

節分の日

Point 1

1 お兄ちゃんの彼女ってだれ？(～は)

2 セレブってどういう意味？(～は)

3 手続きって面倒くさいですね。(～というのは)

4 家事って大変ですね。(～というのは)

5 愛っていう名前の鎮痛剤 (～と)

Point 2

1 何して(い)るの？(의문)

2 さあ、始めるぞ。(의지)

3 今日は、暑いですね。(감탄, 확인)

4 これよ、これ。(강조)

5 本当かしら。(추측)

Point 3

1 そう言えば、薬飲むの忘れた。

2 そう言えば、この前のお土産おいしかったです。

3 そう言えば、今日お誕生日じゃないですか。

4 そう言えば、あの店にいっしょに行ったことあるでしょう。

5 そう言えば、ご両親はお元気ですか。

Point 4

1 がっかりしたって。

2 来年から、また物価が上がるって。

3 彼女と親しくないって。

4 にんじんが嫌だって。

5 何だって？

Today's Note

今日は、バイト先の法子さんが、おもちゃみたいな鬼のお面をかぶって現れて、サンウさんはびっくりした。日本は、立春の前日に前年の邪気を払って、福を迎える意味として豆まきをするそうだ。ジャンケンをして負けた人が鬼のお面をかぶって、みんなは「鬼は外、福は内。」と言いながら豆を撒く。そして、自分の年の数ほど豆を食べるのだ。そう言えば、今年は豆を28個も食べた。28個分まめまめしく暮すぞ。

Situation 23 벚꽃놀이

お花見

Point 1

1 後悔しても知らんよ。(知らない)

2 すまん、俺が悪かった。(すまない)

3 ここにあるじゃん。(じゃない)

4 やればできるじゃん。(じゃない)

5 恥ずかしいじゃん。(じゃない)

Point 2

1 夏と言えば、何と言っても花火です。

2 京都と言えば、何といっても金閣寺です。

3 オリンピックと言えば、何と言ってもマラソンです。

4 演歌と言えば、やっぱり美空ひばりさんです。

5 たこ焼きといえば、大阪です。

Point 3

1 もう少し早めに出かけるべきだった。

2 私たちは、出会うべき運命だった。

3 相手の立場も考えるべきだ。

4 こんな時に笑うべきじゃない。

5 裏で悪口を言わないで、本人に言うべきだ。

:: 우리말 '뒤'는 **後**うしろ와 **裏**うら로 옮길 수 있는데, **後**うしろ는 눈에 보이는 곳을 말하므로 뒤에서 욕을 한다고 할 때는 눈에 보이지 않는 속이라는 뜻을 가진 **裏**うら를 사용한다.

Point 4

1 無事を祈るだけです。

2 少しぶつかっただけなのにそんなに痛い(ん)ですか。

3 ただ私の感想を言っただけです。

4 デザインが珍しいだけです。

5 彼は言葉が上手なだけで、日本の文化はぜんぜん知りません。

Today's Note

日本では花見と言えば、何と言っても宴会だ。日本は韓国とは違って、桜の木の真下で宴会ができる。そして、その宴会の準備は、その集まりの一番下の人のやるべきことになっている。それで、場所取りを命じられたサンウさんは、朝7時に浩先輩と待ち合わせをした。サンウさんは、ただ全員が座れるところを探していたが、場所を決めるためには照明やトイレなどいろいろなことを考えなければならなかった。(의무는 아니므로 べき로 표현하지 않음) 夜になって、いよいよ宴会が始まった。夜桜にお酒に雰囲気が盛り上がって、とても楽しかった。朝少し苦労をしただけなのに、みんなが喜んでサンウさんもとても嬉しかった。

Situation 24 여름 축제

夏祭り

Point 1

1 年に比べて若く見えます。

2 収入に比べて貯金が少ないですね。

3 今年は例年に比べて雨が多いです。

4 本物に比べて重いです。

5 他の店に比べられないぐらいおいしいです。

Point 2

1 あの子はかわいらしさがない。

2 自分の弱さを実感した。

3 スポーツ試合は逆転のおもしろさがある。

4 最後はどうなるのか楽しみだ。

5 責任の重さを感じた。

Point 3

1 親しいからと言って、無礼な行動を取ってはだめ。

2 知識が多いからと言って、頭がいいとは言えない。

3 大変だからと言って、諦めてはいけない。

4 金持ちだからと言って、みんなが幸せではない。

5 学生だからと言って、勉強ばかりするのはよくない。

Point 4

1 ちょっと待て。

2 早くしろ。

3 こっちにこい。

4 ゆっくり食べな。/ 食べて。

5 お父さんに頼みな。/ 頼んで。

6 頑張れ。

7 早く寝な。/ 寝て。

8 本を読みな。/ 本を読んで。

9 もう止めろ。

10 逃げろ。

:: 待て는 강한 명령이고 待って는 부드러운 명령이다.

Point 5

1 見ないで。/ 見るな。

2 心配しないで。/ 心配するな。

3 ぜったい言わないで。/ ぜったい言うな。

4 気にしないで。/ 気にするな。

5 ふざけないで。/ ふざけるな。

Point 6

1 それは、始まりに過ぎなかった。

2 まだ、前半戦にすぎない。

3 一方的な推測に過ぎないです。

4 小学生に過ぎないけど、しっかりしている。

5 お小遣い程度に過ぎないけど、受け取ってください。

Today's Note

日本の夏は韓国に比べて、湿気が多いため[から]、とても蒸し暑い。今朝は、店長と暑さについていろいろ話をした。店長は若いからと言って、無理するなと心配してくれた。

日本の夏はたしかに暑い。それで日本人は、その暑さを忘れるために、昔から花火大会や盆踊りなど、夏祭りをやってきたのかも知れない。そして、また夏祭りの時は、浴衣を着る若者が多い。彼らには、ファッションの一つに過ぎないかも知れない。でも、自分の国の伝統衣装を楽しむ日本の若者たちを見ながら、サンウさんはこれが日本の強さではないかと思った。

Situation 25 방 구하기

部屋探し

Point 1

1 荷物はなくべく少ない方がいいです。

2 なるべく水分を取ってください。

3 なるべくタバコを減らそうとしています。

4 なるべく無理しないようにしています。

5 教室ではなるべく日本語を使ってください。

Point 2

1 資料は、人数分コピーしてあります。

2 封筒の中に、お金が入っています。

3 プレゼントは、もう用意してあります。

4 あの店、今日は閉っています。

5 エアコンをつけてあるから、涼しいと思います。

Point 3

1 つまり予約を取り消したいということですか。

2 つまり首ということですか。

3 つまり明日まではできないということですね。

4 つまりまずいということですか。

5 つまり会いたくないということですね。

Point 4

1 これなら間違いないです。

2 間違いなく伝えます。

3 間違いなく気に入ると思います。

4 彼は成功するに間違いない。

5 いい選択に間違いない。

Today's Note

大学が決まって、日本語学校の寮を出なければならなくなったサンウさんは、引っ越す家を探していた。日本はほとんどが賃貸で、毎月家賃を払うことになっている。そして、契約する時は敷金、礼金、仲介手数料、前家賃がそれぞれ一ヶ月分ずつ要る。つまり、家賃かける4ヶ月分のお金が要るということだ。それから保証人が要るが、保証人がいない外国人のため、保証人まで準備してある不動産もある。

note

バイバイ